DDR-
WITZE

DDR-
WITZE

EDITION XXL

Trabi

Kein Rückruf
seit 1958

Ein Scheich hat gehört, dass es in
der DDR ein Auto gibt, das so toll
sein muss, dass man 20 Jahre
auf die Lieferung warten muss.
Das kannte er noch nicht mal
von seinem Rolls-Royce.
Natürlich musste der Scheich ein
solches Auto haben und hat sofort
einen Brief an das entsprechende
Kombinat aufsetzen lassen.
Als der Brief in der DDR ankommt,
ist man natürlich geschmeichelt.
Selbstverständlich will man ein
so hohes Tier wie einen Scheich nicht
20 Jahre auf ein Auto warten lassen.
Der nächste Trabi, der
hergestellt wird, wird sofort
eingezogen und in das Emirat geschickt.
Eine Woche später kommt
das Dankschreiben vom Scheich:
„Liebe Genossen, ich freue mich auf
unsere begonnenen Handelsbeziehungen.
Noch viel mehr freue ich mich aber,
endlich den ersehnten Trabant 601
zu bekommen. In der Zwischenzeit
danke ich Ihnen, dass Sie mir vorerst
das schöne Modell geschickt haben."

Der TRABI ist sogar
im Marxismus verankert!
Wie sagt „Das Kapital"?
„Es gibt Gebrauchswerte
ohne Wert."

Warum gab es in der DDR
so wenig Banküberfälle?
Weil Bankräuber 15 Jahre auf
das Fluchtauto warten mussten!

einige Trabis

Warum haben DDR-Autos
eine heizbare Heckscheibe?
Damit man beim Schieben
warme Hände hat.

Die Verkehrspolizei stoppt einen Trabi.
Der Fahrer ist völlig betrunken.
„Können Sie sich ausweisen?"
„Was, g-gannn mannn dasssss
jj-je-jeds' aauuuch
schoun ... s-selber?"

DDR-FAKTEN

Der Name „Trabant"
bedeutet „Wegbegleiter",
genau wie das russische
Wort „Sputnik". Mit dem
Satellit Sputnik 1
läutete die Sowjetunion
1957 das Zeitalter
der Raumfahrt ein –
zeitgleich mit der
Entwicklung des Trabants.

Fährt ein Trabi über
einen Kuhfladen.
Fragt der Kuhfladen:
„Was bist denn
du für eenor?"
Sagt der Trabi:
„Isch bin än Audo!"
Lacht der Kuhfladen:
„Wenn du än Audo bist,
bin isch nä Pizza!"

Auf der Leipziger Messe
wird Honecker eine
Weiterentwicklung
des Trabants vorgestellt.
Der begutachtet das Auto,
kann aber nichts Neues finden.
Da zeigt ihm der Chef
des Trabantwerkes einen
kleinen Haken am Auspuff
und erklärt:
„Hier wird ein WC-Stein angehängt –
zur Verbesserung der Abgaswerte."

Der kürzeste Trabi-Witz?
Steht 'n Trabi auf'm Berg.

Was ist der Unterschied
zwischen einem Trabi
und einem Trabi Sport?
Der Fahrer hat
Turnschuhe an.

Wie viele Leute braucht
man, um einen Trabi
zu fertigen?
`ZWEI!`
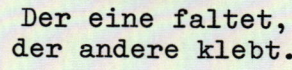
Der eine faltet,
der andere klebt.

Wo kann man
heute noch einen
Original-Trabi kaufen?
Im Bastelladen!

Die Ulbrichts sind mit
ihrem neuen Trabi unterwegs.
Das Sondermodell fährt
fünf Meter vor,
fünf Meter zurück,
fünf Meter vor,
fünf Meter zurück.
Da platzt Lotte der Kragen:
„Die Idioten haben
einen Waschmaschinenmotor
eingebaut."

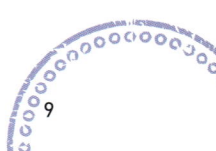

„Ein anderer Name
für Trabi-Fahrer?"
„Teilchenbeschleuniger ..."

Kennen Sie schon
den Trabi 16 V?
Vier Ventile an
jedem Reifen!

Womit kann man
die Beschleunigung
eines Trabants messen?
Mit einem Kalender.

Ein Trabi fährt
über ein Huhn.
Das Huhn hinterher
ganz verwundert:
"War das
ein Gockel?"

TOP 10 TRABI-SPITZNAMEN:

PLATZ 1: Rennpappe

PLATZ 2: Duroplastbomber

PLATZ 3: Asphaltblase

PLATZ 4: Plastikbomber

PLATZ 5: Arbeiter-Mercedes

PLATZ 6: Kugelporsche

PLATZ 7: Fluchtkoffer

PLATZ 8: Mercedes Krenz

PLATZ 9: Überdachte Zündkerze

PLATZ 10: Regenschirm mit Rädern

Warum ist der Trabi
das leiseste Auto der Welt?
Weil er so eng ist,
dass man sich mit den Knien
die Ohren zuhalten kann.

Wann erreicht ein Trabi
seine Höchstgeschwindigkeit?
Wenn er abgeschleppt wird.

Warum heißt der Trabi Trabi?
Weil er so langsam ist.
Wäre er schneller,
hieße er Galoppi!

Was ist passiert, wenn
ein TRABI
bei Grün nicht über
die AMPEL
fährt? Er ist an
einem KAUGUMMI
kleben geblieben.

Was sind vier Trabis an
einer Kreuzung ohne Ampel?
Eine Tupper-Party.

Was hat der Trabi mit
einem Kondom gemeinsam?
Beide behindern
den Verkehr.

Kommt ein Trabi-Fahrer
in eine Westautowerkstatt
und fragt den Meister:
„Sagen Sie mal, könnten Sie
meinen Trabi tiefer legen oder
verbreitern, eventuell tunen?"
Der Meister schaut den Trabi
an und meint: „Sicher."
Darauf der Trabi-Fahrer:
„Und was würde es kosten?"
Der Meister: „5 D-Mark!"
Trabi-Fahrer:
„Wollen Sie mich verarschen?!"
Meister: „Wieso,

wer hat denn
damit angefangen?"

Ein Mann kommt zu einer
Autobahntankstelle und sagt:
„Ich hätte gern zwei
Scheibenwischblätter
für meinen Trabi."
Darauf schaut sich der Tankwart
den Trabi an und meint:
„Das ist ein fairer Tausch."

Wer sind die größten Denker?
Die Trabant-Fahrer:
Sie denken, sie fahren ein Auto.

Ein Trabi belegte erst
kürzlich den zweiten
Platz im
Windkanaltest.
Erster wurde
eine Schrankwand.

Der Trabant 601 soll demnächst mit zwei Auspuffrohren geliefert werden. Wieso? Wenn der Trabi kaputt ist, kann man zwei Stangen reinschieben und ihn als ~~Stasi-Bahre~~ verwenden.

↳ Schubkarre

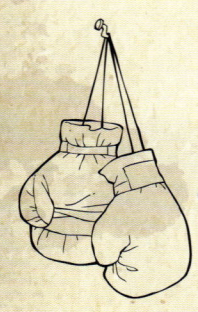

Übrigens ist der Trabi
ein echter Fortschritt
im Automobilbau:
Bei einem Unfall
haben Fußgänger jetzt
erstmals die Möglichkeit,
zurückzuschlagen.

Warum hat der Trabi
keine Sicherheitsgurte?
Weil man ihn sonst mit einem
Rucksack verwechseln könnte.

16

Ein Trabi bleibt auf einer
6-spurigen New Yorker
Kreuzung stehen.
Der Fahrer steigt aus und
schaut in den Motorraum.
Plötzlich schalten sich
rundum Lautsprecher ein:
„Der Mann mit dem
großen Hartschalenkoffer
bitte sofort
die Kreuzung verlassen!"

Was ein DDR-Bürger an
Erich Honecker schrieb:
„Werter Genosse Staatsratsvorsitzender,
wenn ich nicht innerhalb von
vier Wochen einen neuen Auspuff für
meinen Trabant bekomme,
hänge ich mich auf."
Die Antwort kam prompt:
„Lieber Genosse, hängen Sie sich
lieber gleich auf, denn ich kann
Ihnen nicht garantieren,
dass es in vier Wochen
noch Stricke gibt."

Schule

Kenn ick, weeß ick.

Die Lehrerin fragt in der Schule,
mit welchem Bild man die DDR
beschreiben könnte.
„Ich stelle mir vor“,
meldet sich ein Schüler,
„die DDR ist wie ein Baum.
Fest verwurzelt im sozialistischen
Staatenverband gedeiht er,
wächst empor und wird immer stärker.“
„Ich stelle mir vor“,
meldet sich ein zweiter Schüler,
„die DDR ist ein riesiger Traktor
mit einem riesigen Pflug daran.
Unermüdlich fährt der Traktor
vorwärts, und überall, wo er den
Ackerboden aufgebrochen hat,
blüht und gedeiht es.“
„Ich stelle mir vor“,
meldet sich Peter,
„die DDR ist ein stolzes Schiff.
Das Schiff trotzt jedem Sturm und
jeder See und die Leute
stehen an Deck ...“
„Ein sehr schönes Bild, Peter“,
sagt die Lehrerin.
„Halt, ich bin noch nicht fertig:
... und die Leute stehen
an Deck und kotzen.“

Drei Jungs unterhalten
sich über ihre Väter.
„Mein Vater ist Pfarrer.
Wenn er durchs Dorf geht,
reden ihn die Leute
mit ‚Euer Hochwürden‘ an.“
Der Zweite: „Mein Vater
ist Landesbischof.
Wenn er durch die Straßen geht,
sagen die Leute ‚Seine Heiligkeit!‘“
Der Dritte: „Das ist gar nichts!
Mein Vater ist Parteisekretär!
Wenn er durch den Betrieb geht,
sagen die Arbeiter ‚O Gott!‘“

Lehrerin im Deutschunterricht:
„Wer von euch weiß,
was das Wort
Trauerfall bedeutet?"
Mandy: „Bei meinem Opa wurde
die Fensterscheibe eingeschlagen,
da waren alle traurig."
Lehrerin: „Das ist kein Trauerfall,
das ist ein Schaden."
Enrico: „Mein Vater hatte
seine Brieftasche verloren,
da waren alle traurig."
Lehrerin: „Das ist auch
kein Trauerfall,
das ist ein Verlust."
Justin: „Bei meinem Vater
im Betrieb war der
Parteisekretär gestorben,
da waren alle traurig."
Lehrerin: „Seht ihr,
das ist ein Trauerfall,
kein Schaden und auch
kein Verlust."

Als es noch die
gute alte DDR gab:
Eine Lehrerin für
Politik kommt in ihre Klasse.
„Hört mal, Kinder, nächste Woche
besucht uns der Genosse Erich Honecker.
Wer kann denn zu seiner Begrüßung
ein Gedicht aufsagen?"
Der kleine Paul meldet sich:
„Unsere Katze, die hat Junge,
sechs an der Zahl, fünf sind
Kommunisten, eins ist neoliberal."
„Fein", sagt die Lehrerin,
„das darfst du nächste
Woche vortragen."
Als der Genosse Honecker kommt,
tritt Paul vor: „Unsere Katze,
die hat Junge, sechs an der Zahl,
fünf sind jetzt im Westen,
eins ist nicht normal!"
Die Lehrerin läuft rot an.
„Paul, das ging doch letzte Woche
noch ganz anders!"
„Ja, letzte Woche waren die Katzen
ja auch noch blind."

„Fritzchen, wie viele
Bundesländer gibt es?"
„Elf und fünf."
„Und wie viel
macht das, Fritzchen?"
„Das bleibt bei elf und fünf!"
„Aber wieso denn, Fritzchen?"
„Weil man Äpfel mit Birnen
nicht zusammenzählen kann!"

Wann sagte Lenin:
„Lernen, lernen und
nochmals lernen"?
Als er Walter Ulbrichts
Schulzeugnis sah.

Warum liefen in der DDR
die Volkspolizisten
meist zu dritt?
Weil die zwei
Sechstklassen-Abgänger
das Achtklassen-Genie
beschützen mussten.

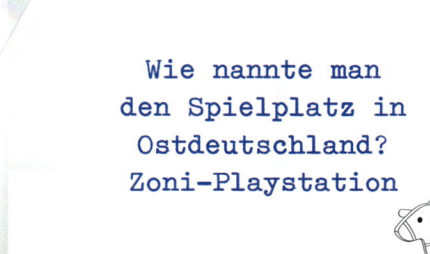

Wie nannte man
den Spielplatz in
Ostdeutschland?
Zoni-Playstation

Honecker will bei den Bürgern erkunden,
wie beliebt er denn nun ist.
Er besucht also eine Hochhaussiedlung
und klingelt an einer Tür.
Ein kleines Mädchen öffnet:
„Wer bist du denn, Onkel?"
„Ich, meine Kleine, bin der Mann,
der dafür sorgt, dass es euch gut geht.
Ich sorge für Essen und Wohnung ..."
„Mami, Mami, komm mal ganz schnell,
Onkel Peter aus Potsdam ist da!"

München

BESTE KINDERUNTERHALTUNG

PLATZ 1: Das Sandmännchen

PLATZ 2: Pittiplatsch und Schnatterinchen

PLATZ 3: Herr Fuchs und Frau Elster

PLATZ 4: Moritz in der Litfaßsäule

PLATZ 5: Die Olsenbande

PLATZ 6: Spuk unterm Riesenrad

PLATZ 7: Lolek und Bolek

PLATZ 8: Mach mit, mach's nach, mach's besser

PLATZ 9: Hase und Wolf

PLATZ 10: Das Schulgespenst

Der Lehrer sagt zu
einem Kind in der Schule,
es soll mit „Freundschaft" grüßen.
Der Vater des Kindes aber sagt,
es soll „Guten Tag" sagen.
Das Kind schreibt,
um Klarheit zu bekommen,
an Walter Ulbricht und
dieser antwortet:
„Solange ich in der
DDR etwas zu sagen habe,
wird es keinen guten Tag geben."

Honecker besucht eine Schule.
Er fragt den kleinen Holger:
„Na, mein Junge, wer ist
denn dein Vater?"
Holger, mit geschwellter Brust:
„Ulbricht, Herr Genosse Honecker!"
„Und wer ist deine Mutter?"
„Die DDR, Genosse Honecker!"
„Und was möchtest du mal werden?"
„Vollwaise, Genosse Honecker!"

Ein Schüler wurde verhaftet.
Er hatte „die Soldaten des
Warschauer Pakts"
ohne „t" geschrieben.

Der Mathelehrer will die Ergebnisse
der Volkswahl für eine Aufgabe
nutzen und schreibt an die Tafel:
„Das Wahlergebnis
betrug 99 Prozent."
„Herr Lehrer, da ist aber
ein Fehler, Sie haben ‚Betrug'
klein geschrieben."

Drei Jungpioniere unterhalten sich
auf dem Pausenhof über
die Berufe ihrer Väter und
dass die Berufe im Staatswappen
der DDR enthalten sind.
Der erste Junge:
„Mein Papa ist Bauer, das steht
für den Ährenkranz im Wappen."
Der Zweite: „Mein Papa ist
Technischer Zeichner, das steht
für den Zirkel im Wappen."
Der Dritte: „Mein Papa ist Schlosser,
das steht für den Hammer im Wappen."
Da kommt ein Vierter und sagt:
„Mein Papa ist auch mit im Wappen!"
Gegenfrage: „Was ist
er denn von Beruf?"
Antwort: „Parteisekretär!"
„Und wo steht er im Wappen?"
„Na, die Niete im Zirkel!"

Was ist ein Ossi
zwischen zwei Wessis?
EINE BILDUNGSLÜCKE!

„Na, Kinder, was ist das?", fragt der
Biologielehrer am Wandertag, als vor der
Schulklasse ein Eichhörnchen über den Weg läuft.
Die Kinder haben keine Idee.
„Überlegt doch mal, worüber wir
in den vergangenen Wochen
immer wieder geredet haben!"
Meldet sich der kleine Kevin
und fragt ganz leise:
„Soll das Lenin sein?"

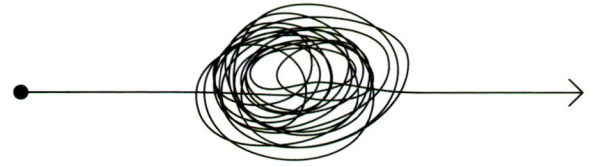

Lehrerin:
„Die Namen der wichtigsten
Staaten beginnen immer
mit dem Buchstaben U.
Zum Beispiel die USA,
die UdSSR und
Unsere Deutsche
Demokratische Republik ..."

Der Lehrer kündigt ein
neues Stoffgebiet an:
„In den nächsten 20 Stunden werden
wir über die Liebe sprechen."
Die Jugendlichen sind begeistert.
„In der ersten Stunde",
so erläutert der Lehrer,
„sprechen wir über die Liebe
der Kinder zu den Eltern,
in der zweiten Stunde über
die Liebe zur Heimat,
in der dritten über die Liebe
zur Arbeit – und in den
restlichen Stunden über die
Liebe zur Sowjetunion."

Der Lehrer erklärt:
„Das Wichtigste im
Kapitalismus ist das Geld.
Das Wichtigste
im Sozialismus
ist der Mensch."
Murmelt Max:
„Die Kapitalisten
schließen ihr Geld ein ..."

DDR-FAKTEN

Anstatt Aufgaben
mit Äpfeln und
Birnen zu lösen,
mussten Schüler in
der DDR häufig mit
Panzern rechnen.

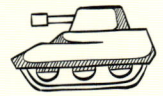

Der Lehrer:
„Kann mir jemand eine Insel
im Roten Meer nennen?"
Fritzchen:
„Ost-Berlin."

Bananen

BRD!
Bananenrepublik
Deutschland

Warum können die Ossis
nicht vom Affen abstammen?
Weil es Affen nie 40 Jahre lang
ohne Bananen ausgehalten hätten ...

Und wie macht man aus
einer Banane einen Kompass?
Einfach auf die Berliner Mauer legen.
Wo abgebissen ist, ist Osten.

Warum ist die Banane krumm?
Weil sie immer einen großen
Bogen um die DDR gemacht hat!

Wie kann man den Wert eines Trabis
sehr schnell verdoppeln?
Man legt eine Banane
auf den Rücksitz!

Wollte eigentlich einen Witz
über die Ernährung der
ehemaligen DDR machen ...
War mir aber dann
doch zu Banane.

Dieser Witz spielt in der DDR
im Jahr 1987:
Auf der Autobahn wird ein
Auto von Polizisten angehalten.
„Herzlichen Glückwunsch,
Sie sind der 10000. Benutzer
dieser Autobahn und haben
soeben 1000 Mark gewonnen ...
Was machen Sie jetzt damit?"
„Tja", sagt der Mann am Steuer,
„ich werde damit erst mal meinen
Führerschein machen ..."
„Glauben Sie ihm kein Wort",
sagt die Frau neben ihm,
„er ist völlig besoffen!"
Schreit die schwerhörige Oma
auf dem Rücksitz:
„Wusste ich's doch, dass wir mit dem
geklauten Auto nicht weit kommen!"
In diesem Moment kommt
eine Stimme aus dem Kofferraum:
„Sind wir schon im Westen?"

Du bist so uninteressant ...
Die Stasi hat sogar
deine Akten weggeschmissen.

Ein altes Mütterchen
wendet sich in Ost-Berlin
an einen Volkspolizisten.
„Entschuldigen Sie bitte,
wo ist denn das Kaufhaus ‚Prinzip'?"
Der wundert sich und meint:
„So ein Kaufhaus gibt
es hier gar nicht."
Darauf sie:
„Das muss es aber geben.
Unser Staatsratsvorsitzender
Erich Honecker hat doch gesagt,
dass es im Prinzip alles
zu kaufen gibt ..."

Ein Volkspolizist
hat sich im Gemüseladen
erhängt und der Bürgermeister
will die Leiche abholen.
„Ach", bittet die Verkäuferin,
„lassen Sie ihn doch noch
ein bisschen hängen,
dann haben wir wenigstens
etwas Grünes im Laden."

Im Wettbewerb um den besten
Werbe-Slogan geht der
dritte Preis an die Volkspolizei:
Warum in die Schule gehen?
Kommt gleich zu uns!
Den zweiten Preis erhält die Stasi:
Kommt zu uns, bevor wir zu euch kommen!
Auf dem ersten Platz liegt
die Gebäudewirtschaft:
Ruinen schaffen ohne Waffen.

Sitzen drei Gefangene in Bautzen.
Erzählt der Erste:
„Ich kam immer 5 Minuten zu früh.
Da hat man mich wegen
Spionage verurteilt."
Erzählt der Zweite:
„Ich kam immer 5 Minuten zu spät.
Da hat man mich wegen
Sabotage verurteilt."
Erzählt der Dritte:
„Ich kam immer pünktlich.
Da sind sie dann drauf gekommen,
dass ich West-Uhren hatte."

Ein junger Mann
des Staatssicherheitsdienstes
erhält seinen ersten Probeauftrag:
In eine hohe Funktionärsversammlung
soll sich ein westlicher Spion einge-
schlichen haben.
Das Referat Honeckers dauert
zwei, drei, vier Stunden.
Plötzlich springt der
junge DDR-Geheimdienstler auf
und stürzt sich auf einen Mann –
der dann auch gesteht,
der gesuchte Spion zu sein.
Stasi-Chef Mielke gratuliert und
fragt erstaunt nach der Methode.
„Ich dachte an das bekannte Lenin-Wort:
‚Der Klassenfeind schläft nie!'"

ZWEI VOLKSPOLIZISTEN

stehen weinend an
der Ecke und klagen,
dass ihnen der Streifenhund
davongelaufen ist.
„Ach", versucht ein Bürger
sie zu beruhigen,
„der findet auch allein
zum Revier zurück."
„Ja, der schon."

Warum gab es
in der DDR schon immer
zweilagiges Klopapier?
Ein Durchschlag
ging nach Moskau.

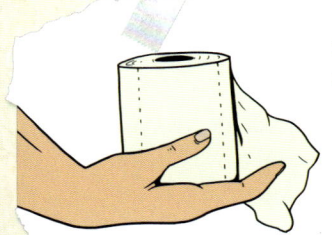

Aufnahmeprüfung an der
Offiziershochschule der Volkspolizei.
„Genosse", erklärt ein Oberst
dem ersten Bewerber, „ich teste
jetzt Ihr Wahrnehmungsvermögen.
Schauen Sie mich genau an –
was fällt Ihnen auf?"
„Sie haben missgebildete Ohren."
Der Oberst ist empört, der Bewerber
wird hinausgeworfen, kann aber dem
nächsten noch zuraunen,
er solle bloß nichts über
die missgebildeten Ohren sagen.
„Genosse", fragt der Oberst auch diesen
Prüfling, „was fällt Ihnen an mir auf?"
„Sie tragen Haftschalen."
„Großartig, Genosse,
wie haben Sie das nur bemerkt?"
„Na, bei Ihren Ohren
hält doch keine Brille."

Stasi-Beamter auf der Straße:
„Wie beurteilen Sie
die politische Lage?"
Passant: „Ich denke ..."
Stasi-Beamter: „Das genügt –
Sie sind verhaftet!"

Das meistgesprochene Wort
an der Grenze zur DDR
war „Gänsefleisch".
Warum?
„Gänn se vleisch ma
de Kofferraum
aufmachn?"

Zwei Polizisten stehen an
der Straßenbahnhaltestelle.
„Ich warte auf die Linie 1",
erklärt der eine.
„Ich auf die Linie 2",
sagt der andere.
Als die Linie 12 einfährt,
meint der Erste:
„Schön, da können wir
zusammen fahren."

Ein Streifenpolizist verlangt
im Schreibwarengeschäft
längs kariertes Linienpapier,
aber ohne Erfolg.
Als Nächster kommt ein Volkspolizei-
Leutnant an die Reihe und
entschuldigt bei der Verkäuferin
den jungen Genossen:
„Wir können uns die Leute eben nicht
aussuchen, müssen nehmen,
was wir kriegen.
Ich hätte übrigens gerne einen
Globus von Dresden."

Ein Grenzsoldat an der
Berliner Mauer zum anderen:
„Was hältst du von der DDR?"
„Dasselbe wie du ..."
„Dann muss ich dich verhaften."

Woran merkt man,
dass die Stasi Robotron-Wanzen
bei einem einsetzt?
Man hat einen
neuen Schrank im Zimmer und ein
Trafohäuschen vor der Tür.

Der Polizeichef von Suhl berichtet
im Januar im Politbüro,
dass es in seinem Bezirk
keine Kohlen mehr gibt.
„Und was macht die
Bevölkerung da?",
erkundigt sich Honecker.
„Sie friert."
„Es ist doch bewundernswert",
sagt Honecker,
„wie unsere Menschen sich
immer wieder
zu helfen wissen."

Hier ist der BND.
Sie brauchen keine Nachricht
zu hinterlassen, da wir
Ihr Telefon abhören.

Kommt der Staatsanwalt aus
der Verhandlung und lacht und lacht
und kann sich gar nicht beruhigen.
Fragt sein Kollege,
worüber er denn so lache.
„Das kann ich dir nicht sagen,
ich hab dem da drinnen für den Witz
gerade drei Jahre gegeben."

Stehen zwei Volkspolizisten
auf der Berliner Mauer.
Sagt der Erste: „Was machst du,
wenn ich dir einen Tritt gebe?"
Sagt der Zweite: „Dann schick ich
dir jeden Monat ein Paket."

Einem DDR-Bewohner wird
das Telefon entzogen.
Er beschwert sich und fragt
nach den Gründen. „Sie haben den
Staatssicherheitsdienst verleumdet."
„Ich? Inwiefern?"
„Sie haben wiederholt am Telefon
behauptet, er würde
Ihr Telefon abhören!"

Ein hoher SED-Führer,
der betrunken zwei DDR-Bürger
angefahren hat,
fragt den Richter verängstigt nach
seiner zu erwartenden Strafe.
„Du bekommst natürlich keine, Genosse!
Der Mann, der durch die Scheibe
deines Autos flog,
wird wegen Einbruchs verurteilt.
Und der andere,
der 15 Meter durch die
Luft flog, wird wegen
Unfallflucht bestraft."

Zu DDR-Zeiten steht ein
englisches Auto mit Nationalitäts-
Kennzeichen GB in Dresden.
Kommt ein Paar vorbei.
Sagt der Mann: „Ei,
guck mol, wo mog denn
das Audo hergommen, mit GB?"
Darauf sie: „Na, aus
em Gönigreich Bolen."
„Aber iwo, das gibt's doch nimmer.
Das ist doch jetzt e Wolgsrebublik."
Ratlos stehen sie rum.
Schließlich kommt ein Mann vorbei,
den sie fragen: „Sagn Se mal,
guder Mann, wisse Sie, wo
des Audo hergommt, mit GB?"
Er dreht sich vorsichtig um und
sagt dann flüsternd:
„Psst, nich weidersachen,
das ist Griminal-Bolizei."

In Leipzig wurde
eine Frau verhaftet.
Sie hatte ihre Wäsche im
Westwind getrocknet ...

Streifengang
an der Berliner
Sektorengrenze.
„Was würdest du tun,
wenn die Mauer
plötzlich einstürzen würde?"
„Sofort auf den
Baum klettern!",
sagt der Zweite spontan.
„Wieso?"
„Na, denkst du,
ich will
totgetrampelt werden?"

**WORIN BESTAND
DIE AUFNAHMEPRÜFUNG
FÜR DIE STASI?
AUS DREI METERN ENTFERNUNG
IN EINEM SATZ AN EINE
GLASWAND SPRINGEN UND
SICH MIT DEM OHR FESTSAUGEN ...**

TOP SEC

Über die Zonengrenze
hoppelt ein Kaninchen
in den Westen.
Mit der Begründung,
in der DDR
würden jetzt alle
Elefanten verfolgt,
beantragt es
politisches Asyl.
„Aber du bist doch
gar kein Elefant!"
„Das weiß ich auch,
aber machen Sie das mal
der Stasi klar."

Seit Neuestem
werden Drogen in
Bananen geschmuggelt.
Leider finden
diese Drogen
nur westdeutsche
Spürhunde.
Die ostdeutschen
Spürhunde
finden nur die
Bananen!

Was bedeuten
die Streifen an den Uniformen
der Volkspolizisten?
Ein Streifen: Er kann lesen.
Zwei Streifen: Er kann schreiben.
Drei Streifen: Er kennt jemanden,
der lesen und schreiben kann.

Anruf bei der Stasi:
„Hallo, hier Genosse Schneider.
Mein Papagei ist mir entflogen.
Sollte er gefangen werden,
nehmen Sie bitte zur Kenntnis,
dass ich seine
politische Einstellung
nicht teile."

In einer Kneipe fragt
ein Betrunkener einen Unbekannten:
„Kennst du den Unterschied
zwischen meinem Bier und Honecker?"
„Nein",
antwortet der Fremde finster.
„Mein Bier ist flüssig und
Honecker ist überflüssig."
Fragt der andere bissig zurück:
„Kennen Sie den Unterschied
zwischen Ihrem Bier und sich?"
„Nein ..."
„Ganz einfach:
Ihr Bier bleibt hier und
Sie kommen mit."

Ein Sinti hört in Ungarn West-Funk.
Als plötzlich der Dorfpolizist
um die Ecke kommt,
ergreift der Sinti
seine Geige und spielt
wie der Teufel.
Der Polizist:
„He, Sinti, du hörst
ja West-Sender ab."
Der Sinti ganz verwundert:
„Wieso abhören? Ich störe ihn!"

„Genosse, was ist das:
unten Gummi, oben Leder?"
„Darf ich eine
Zusatzfrage stellen?"
„Ja."
„Sind in der Mitte Schnürsenkel?"
„Ja."
„Dann sind es Schnürschuhe!"
Der angehende Volkspolizist hat
prompt bestanden und
erklärt dem nächsten Prüfling,
der zitternd vor der Tür wartet,
was auf ihn zukommt.
Der tritt daraufhin beruhigt ein.
„Genosse, was ist das:
unten Zeiger, oben Glas?"
„Darf ich eine Zusatzfrage stellen?"
„Ja."
„Sind in der Mitte Schnürsenkel?"
„Nein."
„Dann sind es Sandalen!"

Zur Leipziger Messe fragt
ein Besucher zwei Streifenpolizisten
nach dem Weg, erst auf Englisch,
dann auf Französisch,
schließlich auf Russisch.
Danach gibt der Mann auf.
„Der konnte ja drei Sprachen",
meint der eine Volkspolizist staunend.
„Und", erklärt der andere,
„was hat es ihm genützt?"

Fragt ein Grenzsoldat an der
Berliner Mauer seinen Kameraden:
„Würdest du schießen,
wenn ich türmen würde?"
Der antwortet: „Das muss ich doch!
Was würdest du tun,
wenn ich türmen würde?"
Der Erste zögernd:
„Vor Schreck erstarren!"
„Prima", sagt der Zweite erleichtert,
„erstarre, ich mache den Anfang!"

Ein Mann steht nachts vor einem Schaufenster, das mit einem Honecker-Bild dekoriert ist und sagt immer wieder laut vor sich her: „Dich kauf ich mir."
Eine Polizeistreife nimmt ihn mit zur Wache, auch seine Frau wird vorgeladen.
„Was Ihr Mann da geäußert hat, bringt ihm die allergrößten Schwierigkeiten ein."
„Aber Herr Polizist, das dürfen Sie meinem Mann doch nicht so übel nehmen. Wenn der besoffen ist, kauft er jeden Mist."

Ein Volkspolizist kommt mit einem großen Präsentkorb nach Hause.
„Stell dir vor, wir mussten heute im Dienst eine Matheaufgabe lösen: Wie viel ist sieben mal sieben?"
„Das hast du doch nicht etwa gewusst?", meint die Frau staunend.
„Nein, aber mit 43 war ich am nähesten dran."

Ein Mann sitzt in Ost-Berlin
in einem Lokal.
Mann: „Ober, einen Kaffee bitte."
Ober: „Tut mir leid, mein Herr,
momentan ist kein Kaffee verfügbar."
Mann: „Was, kein Kaffee, so eine
Schweinerei, alles wegen dem einen ...
dann einen Tee bitte."
Ober: „Es ist leider auch kein Tee da."
Mann: „Auch kein Tee, Sauerei,
alles wegen dem einen!"
Daraufhin steht ein Mann am
Nebentisch auf, geht hin, schlägt
das Revers seines Mantels zurück:
„Staatssicherheit, kommen Sie bitte mit,
wir hätten da ein paar Fragen."
Beim anschließenden Verhör mit dem
Stasi-Major: „Das sind ja starke
Äußerungen, die Sie
da gemacht haben. Wen hatten
Sie denn gemeint mit dem einen?"
Mann: „Wen soll ich schon gemeint
haben, den Adenauer natürlich,
der hat doch das
Interzonenhandelsabkommen gekündigt!"
Stasi-Major: „Hm, ja, Adenauer.
Ok, wir haben sonst keine weiteren
Fragen, Sie können gehen."

Da dreht sich der Mann in
der Tür fragend um: „Ach, an wen
hatten Sie eigentlich gedacht?"

In einem DDR-Zuchthaus sind die
Häftlinge zum Appell angetreten.
„Alle mal herhören",
verkündet der Oberwärter, „morgen kommt
unser Staatspräsident Wilhelm Pieck."
„Siehst du", flüstert ein Häftling
dem anderen zu, „ich habe
immer gesagt, dass es mit
dem kein gutes Ende nimmt ..."

Welcher Unterschied
besteht zwischen Terroristen
und der DDR-Führung?
Terroristen haben
Sympathisanten!

Zwei ehemalige Direktoren begegnen
sich in einer Gefängniszelle.
„Wo warst du Direktor?"
„Ich war Zirkusdirektor!"
„Und warum bist du hier?"
„Ich habe im
vergangenen Oktober ein
Transparent am Zirkus
anbringen lassen:
‚35 Jahre DDR –
35 Jahre volkseigener Zirkus!'
Und du?" „Ich war Direktor
einer Textilfabrik und
habe auch ein Transparent
anbringen lassen."
„Und was stand drauf?"
„Jeder zweite Genosse –
ein Spinner!"

Drei Jäger, einer davon
ein Stasi-Mitarbeiter,
gehen in den Wald.
Jeder von ihnen soll
ein Wildschwein schießen.
Der Erste kommt nach
kurzer Zeit zum Treffpunkt zurück:
Er trägt auf dem Rücken
eine große Wildsau.
Kurz danach kommt der Zweite
und bringt auch ein Schwein mit.
Auf den Stasi-Mann warten sie und
warten sie, bis sie ihn suchen und
vor einem Baum wiederfinden.
Er hat einen Hasen an
den Baum gefesselt,
prügelt auf ihn ein und schreit.
„Gib zu, dass du
ein Wildschwein bist –
wir wissen alles!"

Zwei Volkspolizisten gehen auf Streife.
Plötzlich fragt der eine: „Du sag mal,
ist Schwarz eigentlich eine Farbe?"
Der andere Polizist denkt nach und sagt:
„Ich glaube schon, Schwarz ist eine Farbe."
Zehn Minuten später fragt
der eine nochmals: „Du sag mal,
ist denn Weiß auch eine Farbe?"
Der andere überlegt etwas länger und sagt:
„Also ich denke, Weiß ist auch eine Farbe."
Da sagt der andere, der gefragt hat:
„Mensch, dann habe ich ja einen
Farbfernseher zu Hause."

„Wird es im endgültigen
sozialistischen Staat noch
eine Polizei geben?"
„Nein, bis dahin werden
die Menschen gelernt haben,
sich selbst zu verhaften."

In einem DDR-Zuchthaus fragt
ein Häftling den anderen nach
dem Grund seiner Verurteilung.
„Weil ich zu faul war."
„Sabotage?"
„Nein. Ich hatte mit einem
Kollegen über Politik gesprochen
und dachte, es hätte bis zum
nächsten Morgen Zeit, ihn
beim Staatssicherheitsdienst
anzuzeigen.
Aber er war schneller."

Brief aus der DDR
in die Bundesrepublik:
„Euer Paket ist angekommen.
Ich habe Handgranaten und
Maschinengewehre im
Garten vergraben."
Eine Woche später
der zweite Brief:
„Die Stasi war da,
der Garten ist umgegraben.
Ihr könnt jetzt die
Tulpenzwiebeln schicken."

ZEITUNGSMELDUNG:

„Letzte Nacht frecher Einbruch
im Innenministerium!"
Honecker ruft seinen Polizeichef an:
„Wurde etwas Wichtiges gestohlen?"
„Halb so wild.
Nur die Wahlergebnisse
für die nächsten 30 Jahre ..."

Die DDR-Regierung lässt
die Einstellung ihrer Bevölkerung
zu Partei und Staat durch
eine Meinungsumfrage prüfen.
Auf die Frage: „Wie stehen Sie zum real
existierenden Sozialismus in der DDR?“
schreibt ein Mann: „Wie zu meiner Frau!“
Er wird zur Stasi bestellt,
die von ihm wissen will,
wie er das wohl gemeint habe.
„Ganz einfach, Genossen, ich bin jetzt
fast 40 Jahre verheiratet und
da hat man sich an vieles gewöhnt.
Aber Spaß macht es
schon lange nicht mehr.“

Ein Polizist kontrolliert
einen Lkw mit Langholz,
der ein Honecker-Bild an
das Ende der Stämme genagelt hat,
und fragt den Fahrer: „Warum haben
Sie den Honecker hier angenagelt?“
„Aber Genosse Polizist“,
erwidert der Fahrer,
„Sie haben doch selber gesagt,
ich soll hier hinten einen
roten Lumpen aufhängen.“

CIA, KGB und Stasi
machen einen Wettbewerb:
In einer Höhle liegt ein Skelett.
Wer dessen Alter so genau wie
möglich bestimmen kann, ist Sieger.
Der CIA-Mensch geht als Erster rein.
Nach fünf Stunden kommt er wieder raus:
„Das Skelett ist
ca. 840000 Jahre alt."
Die Juroren staunen:
„Das ist aber ziemlich genau.
Wie haben Sie das herausgefunden?"
Der Ami räuspert sich:
„Na ja, Chemikalien. Aber psst!"
Als Nächster ist der KGB-Mensch dran.
Der kommt erst nach
zehn Stunden wieder raus.
„Das Alterchen da drin
hat etwa 845000 Jahre
auf dem Buckel."
Die Juroren: „Nicht schlecht!
Aber wie haben Sie das gemacht?"
Der Russe mit ernstem Gesichtsausdruck:
„Mit Genosse Stalin als Oberbiologen
entgeht uns nichts. Aber psst!"
Zu guter Letzt ist der
Stasi-Mensch an der Reihe.

Er bleibt 5 Stunden drin,
10, 15, ... nach 25 Stunden
kommt er endlich wieder raus.
Seine Haare sind wirr,
seine Kleidung zerfetzt,
Schweiß fließt von seiner Stirn,
er hat blaue Flecken:
„Der Typ ist 845792 Jahre alt!"
Den Juroren steht der Mund offen:
„Das ist ja das genaue Alter!
Wie haben Sie das nur rausbekommen?"
Der Stasi-Mensch mit
einem Achselzucken:
„Er hat's mir gestanden!"

Nach einer Rede des
NVA-Regimentkommandeurs
zum 60. Jahrestag der Großen
Sozialistischen Oktoberrevolution
meldet sich Soldat Müller und fragt,
warum die Oktoberrevolution
im November stattgefunden habe.
„Aber Sie wissen doch", erklärt der
Oberst, „dass wir zwei Stunden
Zeitunterschied zu Leningrad haben.
In 60 Jahren läppert sich
das ganz schön zusammen."

„Es ist schon schwer, bei der
SED-Führung nicht anzuecken",
meint ein Österreicher nach
der Rückkehr aus Leipzig.
„Beachtet man das,
was sie geschaffen hat,
nicht genügend, hält sie einen
für einen Feind der DDR.
Sieht man sich ihre Errungenschaften
aber näher an, hält sie einen für
einen Spion des Westens."

Wie bittet ein Volkspolizist um politisches Asyl? Er geht in den Intershop und setzt sich ins Regal!

Himmel

und Hölle

Wahre Schönheit
kommt aus
dem Osten

Gott hat den Termin des Weltuntergangs
verkündet und der Erzengel Gabriel
fliegt herum, um zu schauen, was die
Menschen kurz vor Schluss treiben.
In Paris genießen sie das Nachtleben,
in Moskau kippt ein betrunkener
Russe nach dem andern um.
Da hört der Engel aus der
DDR-Hauptstadt Marschmusik,
sieht ein Meer roter Fahnen und
einen großen Umzug.
Staunend greift er zum Fernglas
und liest auf einem Transparent:
„Mit erfüllten Plänen zum Weltuntergang."

Der Teufel zeigt Honecker zuerst
die West-Hölle – dort machen alle auf
dem Betonfußboden einen Kopfstand.
In der sozialistischen Ost-Hölle
dagegen stehen die Menschen
knietief in Jauche und trinken Kaffee.
„Da gehe ich doch tausendmal lieber
in die Ost-Hölle", entscheidet sich Erich
und erhält dort sofort einen Kaffee.
Plötzlich ruft eine Stimme:
„Ende der Mittagspause,
alle zurück in den Kopfstand."

Ulbricht kommt in den Himmel.
Petrus: „Na, Walter, wohin soll ich
dich denn schicken, in den Ost-Himmel
oder in den West-Himmel?"
Ulbricht: „Mein ganzes Leben war
ich Kommunist und ich will auch
nach meinem Tode meiner Überzeugung
treu bleiben – also: Ost-Himmel."
Petrus: „Gut, Walter. Aber zum
Mittagessen kommst du rüber in den
West-Himmel, denn für eine Person
kochen wir nicht extra!"

Honeckers Schutzengel

bittet im Himmel um Urlaub,
denn er sei total erschöpft.
„Wieso, du hast nur einen Menschen
zu beschützen, so wie jeder
andere Schutzengel auch",
sagt Petrus.
„Gewiss", röchelt der Engel,
„aber nicht vor 17 Millionen Menschen!"

Honecker bringt seinen
defekten Wagen in die Werkstatt.
„Kein Problem", erklärt
der Mechaniker, „das geht
seinen sozialistischen Gang."
„Um Gottes willen, nein",
erklärt Erich erschrocken,
„ich brauche das Auto
schon morgen."

Gott befragt die drei Neuzugänge vor
der Himmelstür nach ihrer Herkunft.
Der Erste kommt aus den USA.
Gott schaut ins Sündenregister
und schickt den Mann zunächst
für 25 Jahre ins Fegefeuer.
Der Zweite kommt aus der Sowjetunion.
Gott blickt ins Sündenregister und
schickt ihn für 15 Jahre ins Feuer.
„Und wo kommst du her?",
fragt der Herr den Dritten.
„Aus der DDR."
Gott legt das Sündenregister
beiseite und sagt freundlich:
„Tritt ein und sei willkommen,
du hast schon zu Lebzeiten
die Hölle auf Erden erlebt."

Lenin ist gestorben.
Treffen sich Gott und der Teufel und
beraten, wer ihn denn aufnehmen soll.
Keiner will Lenin wirklich haben.
Nach längerem Diskutieren einigen sich
die beiden, dass Lenin bei jedem eine
einjährige Probezeit zu bestehen hat,
bevor sie sich entscheiden.
Zuerst nimmt der Teufel Lenin zu sich.
Nach genau einem Jahr treffen
sich Teufel und Gott an
derselben Stelle wieder.
Gott fragt nun den Teufel:
„Na, wie hat er sich denn so gemacht
bei dir in der Hölle?"
Darauf stöhnt der Teufel:
„Er hat alle kleinen Teufelchen
zu jungen Pionieren gemacht."
Gott und Teufel trennen sich
nun wieder für ein Jahr.

Und Lenin kommt zur
Probezeit in den Himmel ...
Als das Jahr vorbei ist, erscheint
der Teufel wieder an derselben Stelle.
Aber Gott ist nicht da.
Der Teufel wartet und wartet.
Nach ein paar Tagen kommt
ihm das komisch vor und er beginnt,
Gott zu suchen. Irgendwann trifft er
diesen auch, wie er gedankenverloren
auf ein Blatt Papier schaut und
etwas vor sich hin murmelt.
Der Teufel sieht ihm eine Weile zu
und fragt schließlich ungeduldig:
„Na, erzähl schon, wie ist es
dir mit Lenin ergangen?"
Darauf Gott: „Psst, sei still,
ich muss mich auf
unseren ersten Parteitag
vorbereiten ..."

Helmut Kohl kommt in die Hölle.
Der Teufel fragt ihn: „Wie oft hast du
in deinem Leben dein Volk belogen?"
Kohl gesteht kleinlaut:
„10-mal waren es schon ..."
Daraufhin wird er mit
10 Nadelstichen bestraft.
Gorbatschow kommt ebenfalls
in die Hölle.
Wieder fragt ihn der Teufel, wie oft
er denn sein Volk angelogen hat.
„100-mal", gesteht auch Gorbatschow
und wird mit 100 Nadelstichen bestraft.
Plötzlich ertönt im Nebenraum
ein lautes Geratter!
Verwundert fragt Kohl den Teufel,
was denn das wohl sei.
„Ach, das ist nur der Erich Honecker",
meint der Teufel.
„Den mussten wir erst mal eine Woche
unter die Nähmaschine legen!"

Was ist der Unterschied zwischen
Gott und Erich Honecker? –
Gott hält sich nicht für ~~einen Idioten.~~
Honecker ⤴

Die Stasi verhört einen Kirchgänger:
„Gibst du zu, dass du gerade
in der Kirche warst?" – „Ja."
„Gibst du auch zu, dass du
die Füße von Jesus Christus
am Kreuz geküsst hast?" – „Ja."
„Würdest du auch die Füße unseres
Genossen Honecker küssen?"
„Sicher, wenn er dort hängen würde."

Kurz nach dem Tod von Walter
Ulbricht stirbt ein DDR-Bürger und
gelangt an die Himmelspforte.
Dort findet er neben Petrus
auch drei Teufelchen vor.
Verwundert fragt er Petrus:
„Was machen denn die Teufel hier?
Ich dachte, die sitzen in die Hölle!"
„Eigentlich ja. Aber seit
Ulbricht dort unten sitzt,
gibt es die ersten Flüchtlinge."

Nach der Wende.
Drei Bettler sitzen
in Heidelberg
in der Fußgängerzone und
streiten sich, wer am
meisten Geld erbettelt.
Darauf beschließen sie,
sich für eine Stunde zu trennen,
und wer am meisten sammelt,
hat gewonnen.
Gesagt, getan.
Nach einer Stunde
treffen sie sich wieder.
Der Erste hat 20 DM.
„Das ist doch gar nichts",
meint der Zweite.
„Ich habe 50 DM."
Der Dritte grinst:
„Ihr seid alle unfähig.
Ich habe 200 DM bekommen."
„Wie hast du denn das gemacht?"
„Ganz einfach.
Ich habe mir ein Schild umgehängt
mit der Aufschrift:
‚Ossi braucht Geld
für Heimreise.'"

IN EINER DROGERIE

Kunde: „Genosse Drogist,
ich hätte gern Rasierklingen,
aber gute. Haben Sie Gillette?"
Drogist: „Haben wir nicht.
Kommen Sie nächste Woche
noch mal vorbei!"
Eine Woche später.
Kunde: „Genosse Drogist, wie ist
die Sache mit den Rasierklingen?"
Drogist: „Leider immer noch nichts."
Der Kunde geht.
Verkäuferin: „Aber Herr Wilke,
warum schicken Sie den Kunden
immer wieder weg?
Unterm Ladentisch sind doch
genug Gillette-Klingen!"
Drogist: „Liebe Petra, solange
der Kunde ‚Genosse' zu mir sagt,
soll er sich meinetwegen mit
Hammer und Sichel rasieren!"

In allen Intershop-Läden der DDR werden
neuerdings Rednerpulte aufgestellt.
Für 20 West-Mark kann man
zehn Minuten lang völlig frei und
ungestraft seine Meinung kundtun.

Die DDR-Wirtschaft ist wie
eine gewaltige Dampflokomotive.
Leider wird 90% des Dampfes
zum Tuten verbraucht.

Ein US-Bankier ist beim
DDR-Finanzminister eingeladen und
sieht im Hof des Ministeriums
große Mengen Gold rumliegen.
Erstaunt sagt der Amerikaner
zum Gastgeber:
„In meiner Heimat ist Gold
ein sehr kostbares Gut.
Es befindet sich in Fort Knox,
ist umgeben mit einer fast
unüberwindlichen Betonmauer,
von Wachtürmen, Minen und
Stacheldraht und wird von
Hunden und Soldaten bewacht!"
„Sehen Sie", antwortet der DDR-Minister,
„das ist eben der Unterschied
zwischen Ihrem System und unserem.
Bei uns ist der Mensch
das kostbarste Gut!"

Der Wessi hat ein Geschenk
für seinen Ossifreund gekauft.
Die Verkäuferin:
„Soll ich das Preisschild abmachen?"
Wessi: „Nein, nein, schreiben Sie
noch eine Null dazu!"

Sagt der Brigadier
zu seinen Leuten:
„Ich habe eine gute und eine
schlechte Nachricht für euch.
Zuerst die schlechte:
Wir müssen morgen
500 Säcke Kartoffeln verladen.
Nun die gute:
Es sind weder Säcke
noch Kartoffeln da!"

Die typischen Merkmale
der DDR-Wirtschaft?
Wachstums-
schwierigkeiten
und wachsende
Schwierigkeiten.

SCHWIERIGKEITEN

Frage an Radio Eriwan:
„Ist es möglich, mit einer
einzigen Atombombe
die Wirtschaft der
DDR lahmzulegen?"
Antwort:
„Im Prinzip schon.
Aber warum so kompliziert,
10 cm Neuschnee
tun's doch auch."

Wie heißt die
DDR-Freundschaftsstadt
von Tschernobyl?
Stralsund.

DDR 1960:
~~DDR bis heute.~~
Kommt ein Mann in eine Metzgerei.
„Ein Kilo Rinderfilet bitte."
„Ham wa nich."
„Dann ein Kilo Schweinebraten."
„Ham wa ooch nich."
Der Mann ziemlich verzweifelt:
„Ja, was hamse denn dann?"
„Bis 18 Uhr geöffnet."

DDR-Volkszählung.
Erste Frage:
„Beabsichtigen Sie im
Jahre 1952 noch in
der DDR zu leben,
wenn ja – wovon?"

Warum stand der Mensch in
der DDR immer im Mittelpunkt?
Damit er von allen Seiten
gleichmäßig ausgebeutet
werden konnte.

Gestern standen wir
vor dem Abgrund,
heute sind wir
einen Schritt weiter ...

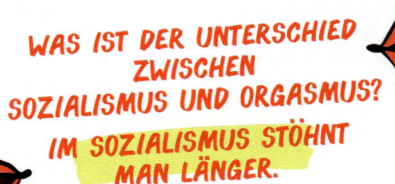

WAS IST DER UNTERSCHIED
ZWISCHEN
SOZIALISMUS UND ORGASMUS?
IM SOZIALISMUS STÖHNT
MAN LÄNGER.

Kurz nach der Wende stehen
in Westberlin zwei Sachsen
im Discounter vor
dem Spirituosenregal.
Sie suchen rauf und
sie suchen runter.
Als die Verkäuferin vorbeikommt
und die beiden mustert,
fragen sie diese:
„Nu, Fröillein, saagen Se mal,
ham Se denn och Erdbeersekt?"
Da der Discounter keinen Erdbeersekt
führt, verneint sie das.
Darauf der Sachse zu dem anderen:
„Siehste, nu geht des
hier och schon los."

RAUBÜBERFALL IN SACHSEN

„Ägyptisch oder ich schieße!"
„Was? Ägyptisch kann ich nicht!"

„Ägyptisch jetzt!"

Warum ist die DDR-Wirtschaft
in die Knie gegangen?
Weil sie gerade zum
Sprung ansetzen wollte,
um die kapitalistische
Wirtschaft zu überholen.

Lehrling: „Entschuldigung,
Meister, ich hab heute
meine Schaufel vergessen."
Meister: „Mach nichts,
stütz dich mit auf meine."

Beim Friseur im Osten:
„Das Rasieren bei Ihnen
kostet seit der Wende
deutlich mehr!"
„Na klar,
die Gesichter sind
ja auch
länger geworden ..."

Kann Willy Brandt in
die SED eintreten?
Klar, aber nur, wenn er
seine Parteibeiträge mit
D-Mark bezahlt!

Jeden Morgen kauft
ein Mann in der
DDR am Kiosk das
„Neue Deutschland",
guckt auf die erste Seite
und wirft die Zeitung dann
in den Papierkorb.
Eines Tages spricht der
Zeitungsverkäufer ihn an:
„Ich versteh Sie nicht,
Sie werfen nicht mal
einen Blick auf die
Lokalseite oder
die Sportberichte.
Warum kaufen
Sie die Zeitung?"
„Wegen der Todesanzeigen."
„Aber die stehen doch
auf der letzten Seite."
„Die, die mich interessiert,
steht auf der ersten Seite!"

Laut „Bild" kostete die Wirtschafts-
und Finanzkrise die Arbeitnehmer
insgesamt 15,8 Milliarden Euro.
Das bedeutet rein rechnerisch
Einbußen von rund 450 Euro
für jeden der 35 Millionen
Arbeitnehmer in Deutschland.
Wesentlich billiger als der
Beitritt der zusammengebrochenen
DDR ist das allemal.
Und das Gute:
Dieses Mal traf es auch die Ossis.
Das sollte einem der Spaß
schon wert sein.

Was ist der Unterschied zwischen
der BRD und der DDR?
In der DDR wurden die
Betriebe erst verstaatlicht
und dann
heruntergewirtschaftet.
In der BRD ist es umgekehrt.

Ein Arbeiter schaut
auf die DDR-Mark in
seiner Lohntüte und meint:
„Ick tu so, als ob ick arbeite,
und die tun so, als ob se mich
bezahlen."

Wie macht man einen
Ossi verrückt?
Man schickt ihn in ein
rundes Zimmer und sagt:
„In der Ecke liegt
ein Zehnmarkschein."

Einkoofsliste

ene Diete Milch

zwee Broiler

eh Gilo Jehaggis

~~3 Scheim Fleesch~~

3 Scheim Fleesch

ne Bulle Fit

ene Duwe Elsterglanz

Schmalz für
de Fettbemme

        Nach der Wende,
    zwei Omas unterhalten sich:
    „Jetzt wo wir endlich das
            Westgeld haben,
    machen die Intershops zu."

    Ist es wahr, dass DDR-Mark,
            Dollar und Pfund
        den gleichen Wert haben?
            Im Prinzip ja, aber
            genauer formuliert,
        ist ein Pfund DDR-Mark
            einen Dollar wert.

        „Was macht eigentlich
            deine Schwester?"
    „Die studiert in Dresden."
            „Und dein Bruder?"
        „Der ist bei der Stasi."
    „Na, da bekommt er sicher
            eine Menge Geld?"
            „Keine Ahnung.
        Er ist erst vorgestern
            abgeholt worden."

Welche Systeme sind
miteinander unvereinbar?
Das sozialistische System
und das Nervensystem.

Alte DDR-Weisheit:
Was verbirgt sich hinter
dem Begriff „Konsum"?
Kauft ohne nachzudenken
schnell unseren Mist

Kaffee-Mix
ist zu verwenden,
soll dir das Unkraut
schnell verenden.

Kommt eine
alte Frau in Apolda
in den Fleischladen.
„Ich möchte gerne zwei Rouladen."
„Ham wa nich."
„Dann geben Sie mir bitte Filet."
„Ham wa nich."
„Nun gut, dann nehme ich
100 Gramm Lachsschinken."
„Ham wa och nich."
Kopfschüttelnd geht sie hinaus.
„Was die alte Schachtel
für Wünsche hat",
sagt die Verkäuferin belustigt,
„die hat sie wohl nicht alle."
„Aber ein bewundernswertes
Gedächtnis hat sie",
sagt der Fleischer.

Alle kennen die 7 Weltwunder,
aber die 7 Wunder der DDR
sind weniger bekannt:

WUNDER 1:

In der DDR gab es
keine Arbeitslosigkeit.

WUNDER 2:

Obwohl keiner arbeitslos war,
hat nur die Hälfte gearbeitet.

WUNDER 3:

Obwohl nur die Hälfte
gearbeitet hat,
wurde das Plan-Soll
immer erfüllt.

WUNDER 4:

Obwohl das Plan-Soll
immer erfüllt wurde,
gab es nichts zu kaufen.

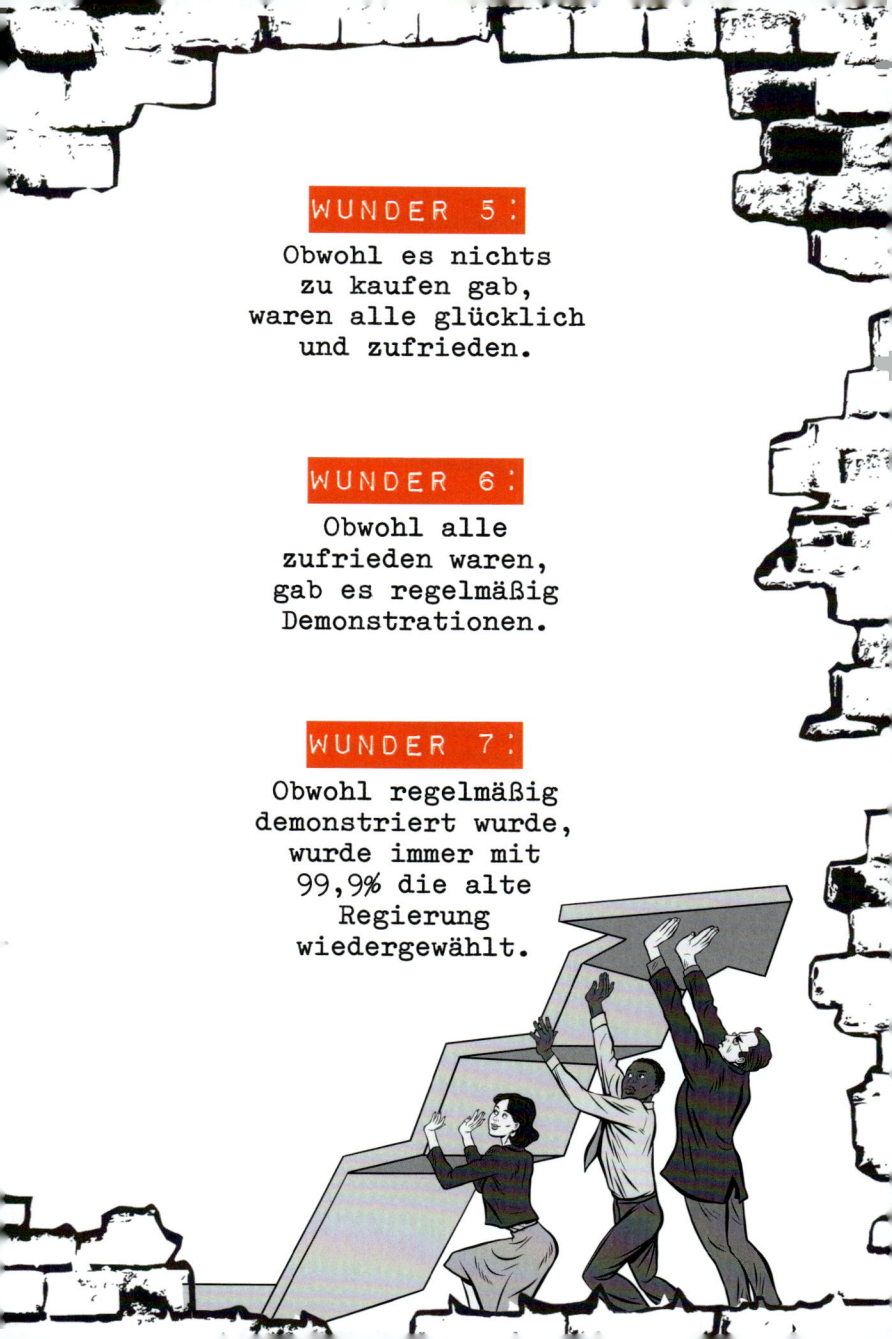

WUNDER 5:

Obwohl es nichts
zu kaufen gab,
waren alle glücklich
und zufrieden.

WUNDER 6:

Obwohl alle
zufrieden waren,
gab es regelmäßig
Demonstrationen.

WUNDER 7:

Obwohl regelmäßig
demonstriert wurde,
wurde immer mit
99,9% die alte
Regierung
wiedergewählt.

Ein Ossi kommt zum ersten Mal
in den Westen und nimmt sich ein Taxi.
Es ist ein Mercedes.
Nach einer Weile fragt der Ossi,
was das vorne auf der Motorhaube wäre
und deutet auf den Mercedes-Stern.
Der Taxifahrer denkt sich:
„Den nimmst du jetzt aber
mal richtig auf den Arm."
Er erklärt dem Ossi, dies sei
eine Zielvorrichtung, um Rentner
zu überfahren, weil es im Westen
zu viele davon gibt.
Für jeden überfahrenen Rentner
gäbe es 500 DM Prämie.
Als nun gerade ein Rentner
über die Straße geht, hält der
Taxifahrer darauf zu,
reißt aber im letzten Moment das Lenkrad
rum und fährt an dem Rentner vorbei.
Da hört er hinten einen
lauten Schlag und der Ossi ruft:
„Also, Rentner jagen
müssen Sie aber noch üben –
wenn ich jetzt nicht im letzten
Augenblick die Tür aufgemacht hätte,
hätten wir den bestimmt
nicht erwischt ..."

Was ist ein 08/15 Witz?
Ein politischer Witz, den man
in 8 Sekunden erzählt hat und
für den man 15 Jahre sitzen muss!

Warum steht der
Imperialismus am Abgrund?
Damit er die DDR
besser beobachten kann!

Warum war es dem DDR-Bürger
strengstens verboten,
zusammen mit Bürgern aus der BRD
Alkohol zu trinken?
Weil sonst beide die
gleiche Fahne gehabt hätten!

Ein DDR-Bürger kommt
aufs Standesamt und möchte
seinen Namen ändern lassen.
Der Standesbeamte fragt ihn:
„Wie heißen Sie denn?"
„Erich Trottel!"
Standesbeamter: „Na, den Namen
würde ich auch nicht wollen."
„Eben! Wer will schon
Erich heißen?!"

Erich Honecker soll
nachträglich das große
Bundesverdienstkreuz bekommen –
für seine großen Verdienste
in den letzten vierzig Jahren.
Manche finden das übertrieben,
aber viele wissen erst
jetzt zu schätzen,
dass er uns in den ganzen
Jahren die Verwandtschaft
vom Hals gehalten hat ...

Warum haben die Ossis
die Mauer abgerissen?
Sie brauchten Baumaterial!

Welche Erkenntnisse zog Honecker
aus seiner Ostasienreise?
Nordkorea: Der Personenkult
in der DDR muss intensiviert werden.
China: Die Mauer kann nicht
hoch genug sein.
Mongolei: Außerhalb der Hauptstadt
kann man in Zelten wohnen.

Warum lächeln
die Chinesen immer?
Sie haben ihre Mauer noch!

Honecker besucht Helmut Schmidt.
Schmidt: „Aber Erich,
setz dich doch und
nimm den Rucksack ab!"
Honecker: „Das geht nicht,
da ist mein
Herzschrittmacher drin!"
Schmidt: „So ein Ding?
Meiner ist so groß
wie eine Streichholzschachtel!"
Honecker: „Hatte ich früher auch,
aber seit wir alles auf
Braunkohle umgestellt haben ..."

Wie kam man in der DDR
in den Genuss sämtlicher
staatlicher Vergünstigungen?
Wenn man als gehbehinderte,
hochschwangere Rentnerin
im Dreischichtsystem
unter Tage arbeitete.

Wie heißt der Orgasmus
auf Sächsisch?
„Ferdsch"

„In unserer Partei gibt
es zwei Strömungen.
Die erste handelt aus Angst,
die zweite aus Überzeugung",
meint ein hoher Funktionär
zu Honecker.
„Welche sollen wir bevorzugen?"
„Die aus Angst.
Die Überzeugung kann wechseln."

Was sagt die Sonne am Abend,
wenn sie untergeht?
Gott sei Dank,
ich bin wieder im Westen!

Was ist der
Unterschied zwischen
Spanien und der DDR?
Über Spanien lacht die Sonne,
über die DDR
die ganze Welt.

Was ist die Lieblingssportart
eines Ossis?
Bobfahren — links 'ne Mauer,
rechts 'ne Mauer und
es geht immer bergab.

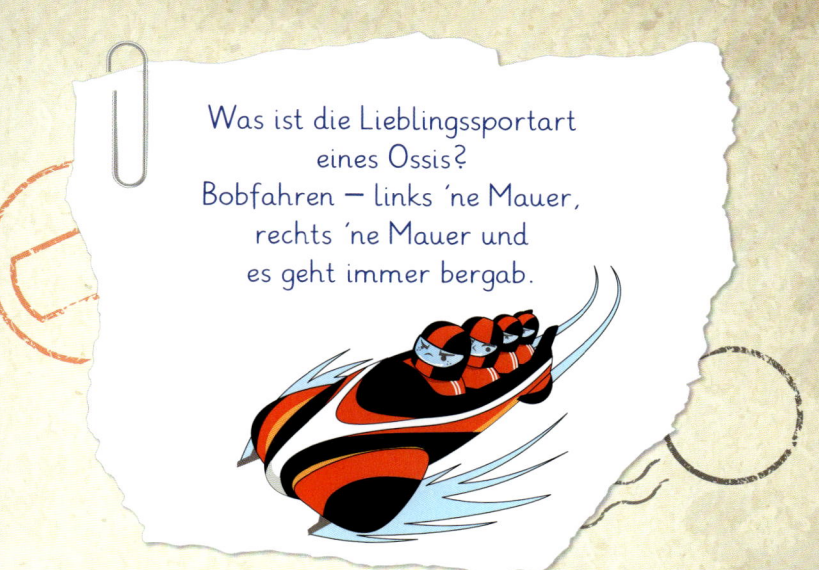

Ein Mann schaut jeden Morgen
aus seinem Bürofenster.
Bei trübem Wetter klagt er:
„Heute wird's nichts."
Bei klarem Himmel ruft er:
„Heute könnt's klappen!"
Irgendwann fragt ihn
ein genervter Kollege,
was das soll.
„Ach", erklärt der Mann,
„mein Vater sagt immer:
‚Eines schönen Tages bricht hier
der ganze Mist zusammen.'"

Harald Schmidt
über Ostdeutschland:
„Die Ostdeutschen fühlen
sich immer noch nicht
wie richtige Deutsche.
Aber mein Gott,
das machen doch andere
Völker auch nicht,
denen wir
Entwicklungshilfe schicken."

Margot Honecker trifft
ihre Funktionärskollegin
Inge Lange: „Stell dir vor,
ich habe für meinen Erich eine
Erstausgabe des Kapitals bekommen."
„Oh", sagt Inge begeistert,
„das war ein guter Tausch."

Darf ein kleiner Funktionär
einen höheren Funktionär
kritisieren? Natürlich!
Aber nur einmal ...

Ein kleiner Junge stürzt vor
dem Staatsratsgebäude.
Honecker kommt heraus
und hilft ihm wieder
auf die Beine.
„Danke, Onkel Honecker,
dass du mir geholfen hast“,
sagt das Kind.
„Schon gut, mein Junge“,
antwortet Erich,
„wenn du groß bist,
wirst du mal ein guter Genosse.“
„Aber, Onkel Honecker,
ich bin doch nur auf
die Knie gefallen
und nicht auf den Kopf.“

Was wäre passiert,
wenn man statt
Kennedy Ulbricht
erschossen hätte?
Schwer zu sagen, aber Onassis
hätte die Witwe bestimmt
nicht geheiratet.

Was macht ein Ossi,
wenn er in der Wüste
eine Schlange sieht?
Er stellt sich an!

Was ist Glück?
Natürlich, dass wir in
der DDR leben.
Was ist Pech?
Dass wir soviel
Glück haben ...

Stehen zwei DDR-Bürger an
der roten Ampel. Der eine hat
fünf Kinder, der andere einen
kaputten Fahrradschlauch.
Was denken die beiden?
„Scheiß-DDR-Gummi!"

„Hast du schon gehört?
Skatspielen soll verboten werden!"
„Wieso denn das?"
„Pieck darf nicht gereizt werden!"

Wo findet der nächste
SED-Parteitag statt?
Na, im Harz, zwischen
~~Rostig und Hundeluft~~!
Elend und Sorge!

Honecker wird von einem
alten Mütterchen gefragt,
ob Karl Marx primär
ein Wissenschaftler
oder ein Arbeiter gewesen sei.
Der SED-Führer denkt lange nach
und antwortet dann
ganz „linientreu",
er sei ein Arbeiter gewesen.
Meint die Oma:
„Dacht ich mir's doch.
Ein Wissenschaftler
hätte seine Theorien
zuerst an Ratten
ausprobiert."

Selbstverständlich hat
jeder in der DDR
das garantierte Recht
und die Freiheit,
stets frei und offen zu sagen,
was er denkt.
Aber ebenso selbstverständlich
ist es doch,
dass jeder niemals
etwas denkt,
was er nicht frei und
offen sagen darf!

Ein Mann ist in
die falsche Abteilung
eines Kaufhauses geraten.
„Haben Sie hier keine Socken?"
„Keine Socken haben
wir im dritten Stock.
Hier gibt es keine Schuhe."

Familie Huber hat
einen Papagei, der immer
„Die blöden Saukommunisten!
Die proletarischen Schweine!
Nieder mit der SED!" krächzt.
Eines Tages kommt eine SED-Lokalgröße
die Wohnung der Familie besuchen.
Die Hausfrau putzt
die Wohnung blitzblank,
aber was macht man mit dem Papagei?
Der landet im Tiefkühlfach.
Der SED-Mann kommt,
begutachtet die Wohnung,
lobt die Familie und geht.
Drei Stunden danach denkt
die Hausfrau an den Papagei und
nimmt ihn aus dem Tiefkühlfach.
Da krächzt er nur noch
„Liebe Kommunisten!
Nieder mit dem Kapitalismus!" usw.
und die Hausfrau fragt ihn,
weshalb er sich so geändert hat:
„Vier Stunden Sibirien sind genug!"

Eine Dresdnerin beantragt
bei der Abteilung Inneres in
ihrem Stadtbezirk die Ausreise.
„Meine alte Mutter in Köln
ist blind und braucht Pflege",
erläutert sie.
„Ihre Mutter kann zu
uns übersiedeln,
Sie haben doch eine
geräumige Wohnung,
sogar mit Bad",
erwidert der Mitarbeiter.
„Sie haben mich falsch verstanden",
erklärt die Dresdnerin,
„meine Mutter ist blind,
aber nicht blöd."

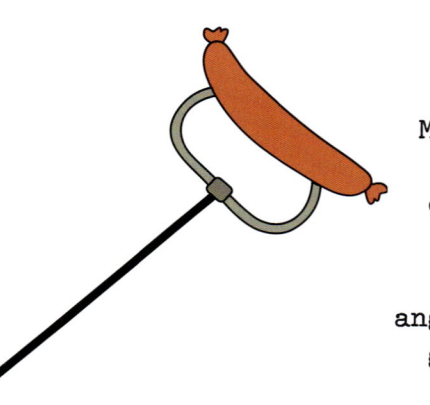

Warum musste
in den
Metzgereien der DDR
immer mindestens
eine Wurst liegen?
Weil sich sonst
die Leute
angestellt und Kacheln
gekauft hätten ...

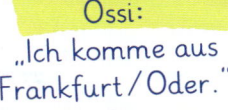

Ossi:
„Ich komme aus
Frankfurt / Oder."

Wessi:
„Oder was?!"

In der DDR wurden
die Betten abgeschafft.
Warum? Die Parteispitze ist auf
Rosen gebettet.
Arbeiter und Bauern halten
Friedenswacht.
Der Klassenfeind schläft nicht.
Der Rest sitzt.

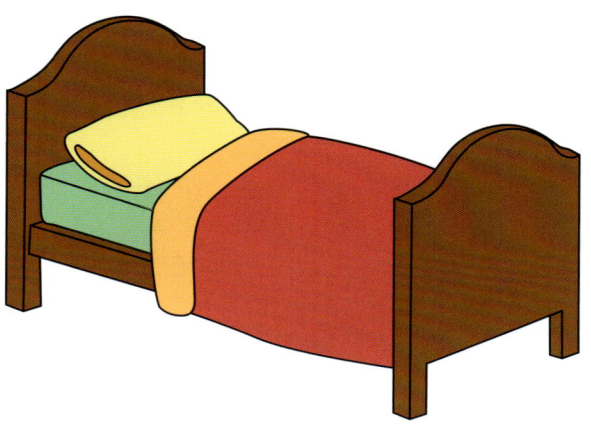

„Stimmt es,
dass ein sozialistischer
Betriebsleiter einen
sozialistischen Betrieb
leiten kann?"
Antwort: „Im Prinzip ja,
aber haben Sie schon mal einen
Zitronenfalter gesehen,
der Zitronen falten kann?"

Kurz vor der Wende
ging eine Meldung
durch die Presse:
„Honecker auf der Flucht
in den Westen erschossen!"
Das dazugehörige
Gerücht besagte:
Nicht von hinten ...

Beim Wartburg gab es
15 Jahre Garantie auf
jegliche Rostschäden.
Das Problem dabei war nur:
Die Garantiezeit begann mit
dem Tag der Bestellung.

Kennen Sie den Unterschied zwischen
der sozialistischen Kaderpolitik
und einer Champignon-Zucht?
Es gibt keinen,
sobald sich ein
helles Köpfchen zeigt,
wird es sofort abgeschnitten.

Erich Honecker hält
eine Rede zur Entwicklung
des Sozialismus.
„Liebe Genossinnen und Genossen",
verkündet er lautstark,
„die Entwicklung des
Sozialismus ist nicht aufzuhalten!
Schon heute bedeckt der Sozialismus
ein Fünftel unserer Erde!
Und schon bald wird es ein Sechstel,
ein Siebtel, ein Achtel,
ein Neuntel und ein Zehntel sein!"

Der Unterschied zwischen
der DDR und dem
Pariser Eiffelturm:
Beim Eiffelturm sitzen die
größten Nieten unten.

Ich leiste was.
Du leistest was.
Die leisten sich was.
Erich währt am längsten!

Honecker hat sich
den Arm gebrochen.
Er wollte sich auf
sein Volk stützen!

„So, Genossen", erklärt Walter
Ulbricht in einer Rede,
„auch wenn wir zur Zeit
einige Engpässe haben,
werden wir weiter mit aller Kraft
den Sozialismus/Kommunismus aufbauen –
wir werden einfach
den Gürtel enger schnallen."
Da fragt eine zarte Stimme
im Hintergrund:
„Genosse Ulbricht,
wo gibt es Gürtel?"

Steht ein Schwabe
auf einer Neckarbrücke.
Er sieht einen Mann am Ufer knien
und Wasser aus dem Neckar trinken.
Er ruft sofort warnend:
„He, bisch verriggd?
Des Wassr kasch doch
ned saufa. Des isch
doch gifdig on dreggad!"
Der Mann am Ufer ruft
in sächsischem Dialekt zurück:
„Nü, was haste jesacht?"
Da ruft der Schwabe:
„Langsam trinken!
Des Wassr ischd kalt!"

Damals in der DDR:
Auch in diesem Jahr findet
wieder das Festival des
politischen Witzes statt.
Erster Preis:
zehn Jahre Winterurlaub
in Sibirien ...

ECHO:

Die DDR hat Weltniveau ...
wo ... wo ... wo ...?

Warum sind ab sofort die Zugangswege
zu den Kombinatsbetrieben
der DDR mit einem weißen
Mittelstreifen versehen?
Damit diejenigen, die zu spät
auf die Arbeit kommen,
nicht mit denen zusammenstoßen,
die eher [redacted] machen.

Feierabend

Erich Honecker will sich
inkognito unter das Volk mischen.
Er geht aus dem ZK-Gebäude
und steigt in ein Taxi.
Der Taxifahrer dreht sich um,
erstarrt, dann schüttelt er
den Kopf und meint:
„Nee, diese Ähnlichkeit!
Das ist sicher sehr
unangenehm für Sie, was?“

DDR-FAKTEN

Die DDR war die Mutter
des Recyclings:
Fast alles wurde
aus recyceltem Material
hergestellt.
Egal ob Trabis
oder Jeans.

Was ist
ein Eichhörnchen?
Ein von der Parteileitung
zusammengestauchter Fuchs.

Honi kommt zum Friseur:
„Ich hätte gern so ein Muttermal
wie der Genosse Gorbatschow."
Entsetzen überfällt den Friseur.
Ungläubig fragt er nach:
„Wie bitte, habe ich richtig gehört,
ein Muttermal ...?"
Honi lächelnd: „Ja, ja –
ich möchte genau das,
was der Gorbatschow auch hat ...!"
Der Friseur, noch immer
recht ungläubig, fragt:
„Mensch, Honi – wieso das denn?"
„Ja, als der Genosse Gorbatschow heute
in Schönefeld abgeflogen ist,
hat er gemeint: ‚Honecker,
du bist ja ganz nett,
aber hier oben
(tippte sich an den Kopf)
fehlt dir leider etwas.'"

Was ist kurz,
lustig und zum Sitzen?
Ein politischer Witz …

„Mama,
wie war es
eigentlich, in der DDR
groß zu werden?"
„Ich konnte mich
nicht beschweren."

Angesichts der Wettbewerbslosung
„Plane mit – arbeite mit –
regiere mit!" fährt ein Arbeiter
zum Regierungssitz.
„Ich will mitregieren",
erklärt er dem Pförtner.
„Sind Sie verrückt?"
„Wieso, ist das Bedingung?"

Sagt der Ossi zum Wessi:
„Wir sind ein Volk!"
Darauf der Wessi: „Wir auch!"

Hammer, Zirkel und Ährenkranz
in der DDR-Fahne sollten mal
gegen eine Ziege und einen Stuhl
ausgewechselt werden –
wer meckert, der sitzt.

Wer ist der größte Feldherr
der Weltgeschichte?
Walter Ulbricht!
Er schlug 2 Millionen Menschen
in die Flucht und nahm
17 Millionen gefangen.

Wie erklärt sich die DDR-Fahne?
Ganz einfach:
An einem schwarzen Tag
kam die Rote Armee und

hat dem Volk goldene Zeiten versprochen.
Danach musste das Volk ganz schön zirkeln,
damit es nicht unter den Hammer kam.

Erich Honecker hat sich
ein Bein gebrochen –
er ist über eine der vielen
Versorgungslücken gefallen.

Die Berliner Mauer
sollte neu verputzt werden.
Es meldeten sich
10 000 003 Leute.
3 Mann für den Innen-
und 10 000 000 Mann
für den Außenputz.

Als Erich und Margot Honecker im
Urlaub an der Ostsee
den FKK-Strand besuchen,
werden sie angestarrt.
Erich ist das peinlich – er hält
den Hut vor den Schambereich.
Margot: „Nicht dahin,
Erich, vors Gesicht!“

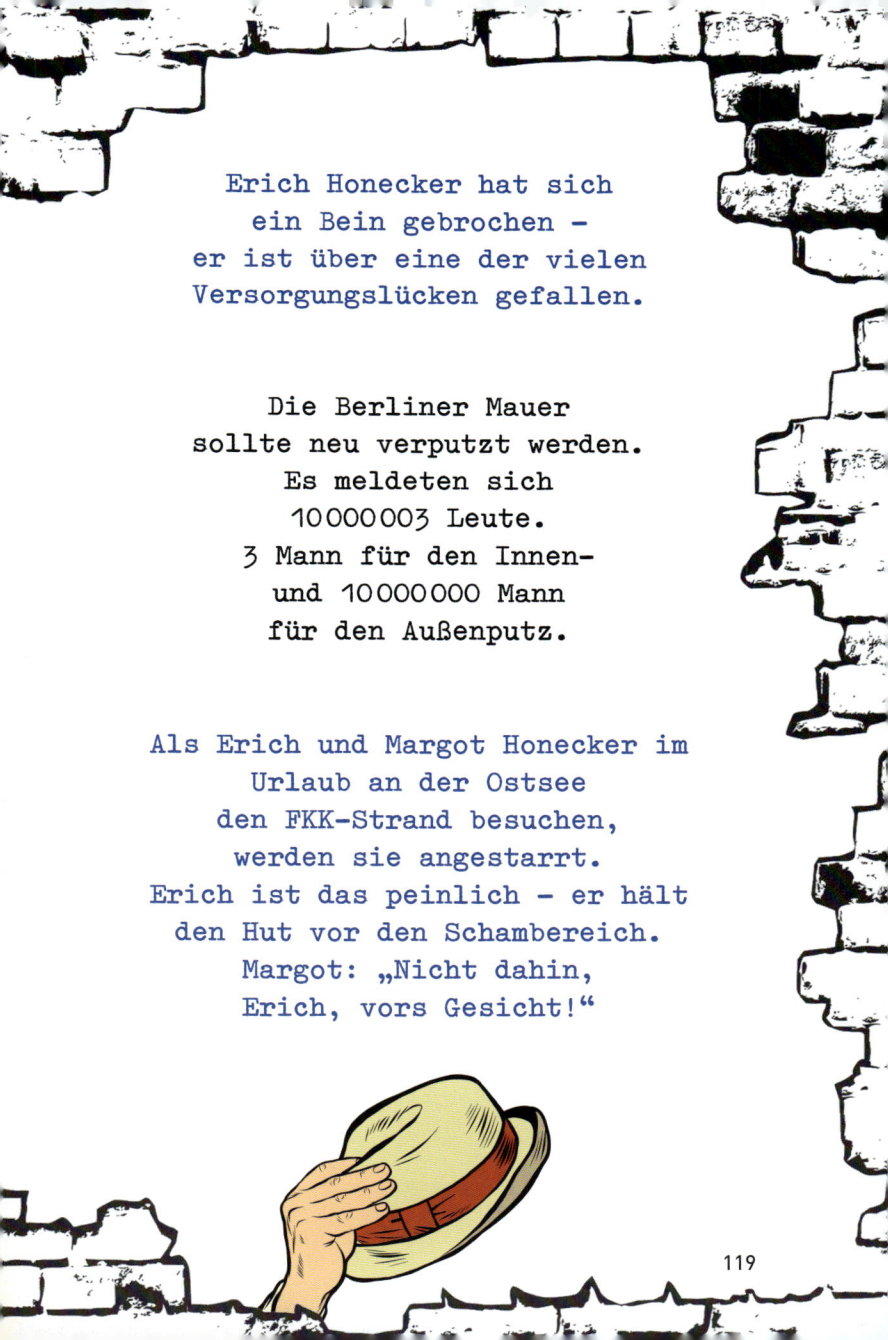

Harald Schmidt
über die Zufriedenheit:
„Die Ostdeutschen sind mit
ihrem Körper viel zufriedener
als die Westdeutschen.
Ossis, ihr seid also mit
eurem Körper zufrieden?
Gut, dann reden wir mal
über die Klamotten."

Silvester 1985
Frage: „Was steht vor der Tür
und sieht schwarz aus?"
Antwort: 1986

Was sagt ein Sachse,
wenn er in England einen
Christbaum kaufen will?
„A Dännschn please."

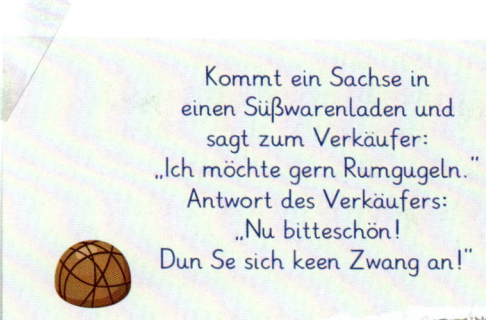

Kommt ein Sachse in
einen Süßwarenladen und
sagt zum Verkäufer:
„Ich möchte gern Rumgugeln."
Antwort des Verkäufers:
„Nu bitteschön!
Dun Se sich keen Zwang an!"

Unterhalten sich
zwei in einer Kneipe.
Meint der eine:
„Pass auf, ich kenn 'nen Witz.
Geht Honecker mit
'nem Seil in den Wald ..."
Der andere: „Und weiter?"
„Darf ich nicht erzählen,
fängt aber gut an, oder?"

Der Fahrradverkäufer aus
unserer Straße hat Honecker
zu sich eingeladen.
Er wollte ihm mal
den Rücktritt erklären.

Ein treues SED-Parteimitglied
kehrt von einer Dienstreise
aus der Bundesrepublik zurück.
Sein Vorsitzender: „Na, Genosse,
haben Sie den faulenden und
sterbenden Kapitalismus gesehen?"
„Ja."
„Und was halten Sie davon?"
Mit verklärtem Gesichtsausdruck:
„Schönes Rot . . ."
⌐ Schöner Tod

Warum kam in der
einstigen DDR ein
aufgegriffener Grenzflüchtling
immer direkt in
die Irrenanstalt?
Er war immerhin von
West nach Ost geflohen!

Ein Ossi, ein Wessi,
ein hübsches Mädchen und
eine alte Oma
sitzen im Zugabteil.
Der Zug fährt durch einen Tunnel,
es wird dunkel.
Plötzlich – ZACK! –
eine Ohrfeige!
Als der Zug aus dem Tunnel fährt,
hat der Wessi eine rote Backe.
Die Oma denkt: „Soso,
der Wessi hat versucht,
das junge Fräulein zu begrapschen."
Das Mädchen denkt: „Na toll,
der Wessi wollte mich begrapschen,
hat aber die alte Omi erwischt,
die ihm eine gegeben hat!"

Der Wessi denkt sich:
„So eine Scheiße,
der Ossi wollte das
Mädchen betatschen,
hat aber die Alte erwischt,
die wollte dem Ossi
eine runterhauen und
hat mich getroffen."
Der Ossi: „Im nächsten Tunnel
hau ich ihm wieder eine runter."

„Kann die Partei auch irren?"
Antwort: „Im Prinzip ja,
aber sie irrt nie!"
Frage: „Woher wissen Sie
das so bestimmt?"
Antwort:
„Wir haben die Partei gefragt!"

Stromausfall in der SED-Zentrale.
Mielke steckt zwei
Stunden im Fahrstuhl fest –
und Honecker steht zwei Stunden
auf der Rolltreppe.

„Stimmt es, dass der
Kapitalismus ein Zug ist,
der dem Abgrund entgegenfährt?"
„Ja, das stimmt."
„Und warum müssen
wir diesen Zug
unbedingt überholen?"

Was passiert,
wenn der Fernsehturm in Berlin
Richtung Westberlin umfällt?
Dann kann man mit dem
Fahrstuhl in den Westen fahren!

Werbung für ROBOTRON:
„Unsere Lösung - Ihr Problem!"
„Rechnen Sie mit dem Schlimmsten -
Rechnen Sie mit ROBOTRON!"
„Unsere Mikroelektronik ist
einfach nicht kleinzukriegen!"
„Unsere Mikroelektronik ist die Größte!"

Erich Honecker sieht auf
dem Alexanderplatz eine
Riesenschlange von Leuten
und denkt sich:
„Stellst dich mal an
und schaust, was es gibt."
Nach einer kleinen Weile dreht
sich der vor ihm Stehende um,
stutzt kurz und geht.
Nach fünf Minuten passiert ihm mit
dem nächsten Vordermann das Gleiche:
Er dreht sich um, sieht Erich an,
überlegt kurz und geht weiter.
So geht das eine Zeit lang und Erich
fragt den Nächsten, als der sich
umdreht und gerade gehen will:
„Sag mal, für was steht ihr
hier eigentlich an?"
„Eigentlich stehen wir für
Ausreiseanträge an,
aber wenn du auch einen willst,
brauchen wir ja keinen mehr."

In der Charité:
„Tja, Herr Honecker,
wir müssen Ihnen leider das
Zentralorgan entnehmen."
„Das ist Einmischung in
die inneren Angelegenheiten!"

Ein Kanadier erzählt
einem DDR-Bürger:
„Bei uns kann man 24 Stunden
mit einem Schnellzug fahren
und ist noch immer im selben Land."
„Ja, solche Schnellzüge
haben wir auch."

Ossi:
„Herr Ober, welchen Wein
empfehlen Sie mir
zum Tag der Deutschen Einheit?"
„Kommt ganz drauf an —
wollen Sie feiern oder vergessen?"

Können Sie mir
den Kapitalismus erklären?
Kapitalismus ist die
Ausbeutung des Menschen
durch den Menschen.
Und wie ist es mit dem Sozialismus?
Da ist es genau umgekehrt.

Honeckers Politik
ist wie seine Hüte:
großer Rand,
aber kein Futter.

Honecker hat Gorbatschow besucht.
Vor seinem Rückflug
in die DDR bringt Gorbatschow
den Gast über einen langen
roten Teppich bis zur Maschine.
Dann schaut er dem Abfliegenden
noch lange gedankenverloren nach.
„Hm", meint er, „als Politiker
ist Honecker ja 'ne Null —
aber küssen, das kann der Kerl!"

Was sind die dünnsten
Bücher der Welt?
Britische Kochkunst.
Amerikanische Kulturgeschichte.
Aufschwung Ost.

Mielke kommt zu Krenz.
„Stell dir mal vor,
Honecker läuft durch den Garten
und zieht ein Holzpferdchen
hinter sich her."
„Na ja, die Nerven ..., aber wenn's
der Entspannung dient."
„Ja, schon", sagt Mielke, „aber es
ist mein Holzpferdchen!"

Was bedeuten die
DDR-Verkehrsschilder 80, 60, 30 ?
Auf einen Kilometer 80 Schlaglöcher,
60 cm breit, 30 cm tief.

Erich Honecker besucht
eine Nervenheilanstalt.
Gut einstudiert brüllen
die Insassen:
„Es lebe unser
geliebter Staatsratsvorsitzender!!!"
Nur der Aufseher schweigt.
Als einer der Leibwächter Honeckers
ihn deswegen anspricht, meint er:
„Entschuldigen Sie bitte,
ich gehöre nicht zu den Verrückten!"

In der Plankommission wurde
ein neugeborenes Baby gefunden;
keiner will es gewesen sein.
Es wird untersucht, ob es jemandem
von der Plankommission gehören könnte.
Das Ergebnis: Nein, denn ...
1. in der Plankommission macht keiner
was mit Lust und Liebe,
2. in neun Monaten hat dort noch keiner
was zustande gebracht,
3. und wenn schon mal einer was gemacht
hat, hatte es weder Hand noch Fuß.

Dieses junge Mädchen
hat einen Trabi bestellt ...

... und so sah sie aus,
als sie ihn bekommen hat.

JA NU,
GUDE DINGE
BRAUCHEN
IHR ZEID

Ein Amerikaner, ein Franzose
und ein DDR-Bürger
unterhalten sich darüber,
was ihr tollstes Erlebnis war.
Der Amerikaner sagt,
sein tollstes Erlebnis war
ein Millionen-
Dollar-Geschäft.
Der Franzose sagt,
sein tollstes Erlebnis war
eine Nacht mit
einer Schönheitskönigin.
Da sagt der DDR-Bürger,
sein tollstes Erlebnis war,
als bei ihm die Stasi morgens
um fünf klingelte und ihn fragte,
ob er Herr Müller sei und
er antworten konnte:
„Nein, der wohnt ein
Stockwerk höher."

Warum hatte Honecker immer
wieder neue Kellner?
Weil sie immer wieder
gefragt haben:
„Darf ich nachGIESSEN?"

Ein Student wird in der
Anatomie-Prüfung vor
drei Skelette gestellt.
Er soll sagen, was ihm auffällt,
doch er ist hilflos.
„Denken Sie in Ruhe nach“,
sagt der Prüfer. „Sie haben es
oft in den Vorlesungen gehört,
es sind drei ... na?“
„Ach ja“, sagt der
Student erleichtert,
„Marx, Engels und Lenin.“

Honecker und Mielke
unterhalten sich.
Mielke fragt: „Na, Erich,
was ist denn eigentlich
so dein Hobby?“
Honecker: „Ich sammle
die Witze, die die Leute
so über mich erzählen!“
Darauf Mielke:
„Mein Hobby ist ganz ähnlich:
Ich sammle die Leute,
die die Witze erzählen!“

Ein Ossi und ein Wessi
haben einen Autounfall.
Zieht der Ossi eine
Flasche Schnaps
aus der Tasche und sagt:
„Auf den Schrecken trinken
wir erst mal einen!"
„Gut", sagt der Wessi und
nimmt einen kräftigen Schluck
aus der Pulle, „und jetzt du!"
„Nein, danke", sagt der Ossi,
„ich warte, bis die Polizei kommt!"

Ulbricht hat eine Autopanne
und klingelt am nächsten Haus.
Ein Mann öffnet und schaut
den Besucher fragend an.
„Kennen Sie mich denn nicht?",
fragt Ulbricht. „Ich war doch
gestern Abend im Fernsehen."
Dreht sich der Mann um und ruft:
„Mutter, komm mal raus,
der Millowitsch ist da."

Nach einer Parteitagsrede
von Erich Honecker erscheinen
alle Werktätigen eines Betriebes
nicht mehr mit Aktentaschen,
sondern mit Rucksäcken zur Arbeit.
Ein Kollege kommt gerade aus
dem Urlaub zurück und
wundert sich, wieso jetzt
alle mit Rucksäcken kommen.
Er fragt einen der Kollegen und
bekommt zur Antwort:
„Erich Honecker hat
auf dem Parteitag gesagt,
aus unseren Betrieben sei noch
viel mehr herauszuholen."

WARUM HAT HONECKER SEINE HAUSHÄLTERIN ENTLASSEN?

SIE HATTE IHM BROT AUS DEM REFORMHAUS VORGESETZT.

Bush, Gorbatschow und Erich Krenz
haben die Nase voll und beschließen,
sich 50 Jahre einfrieren zu lassen.
Nach ca. 50 Jahren werden sie
aufgetaut und jeder besorgt
sich eine Zeitung seines Landes.
Bush liest die erste Seite
und fällt tot um.
Darauf steht:
„General Motors gewinnt
sozialistischen Wettbewerb!"
Gorbatschow geht es nach dem Lesen
der ersten Seite ebenso.
Schlagzeile:
„Erneut Streitigkeiten an der
polnisch-chinesischen Grenze."
Krenz liest und stirbt
unter Krämpfen –
Schlagzeile:
„Wir gratulieren unserem
Staatsratsvorsitzenden
Erich Honecker
zum 130. Geburtstag."

Was ist der Unterschied zwischen
einem sozialistischen Betrieb und
einem sozialistischen Land?
Im Betrieb sind
Fluchtwege ausgeschildert.

Erich Honecker geht
in Ost-Berlin spazieren.
Er sieht eine Frau vollbepackt
mit Einkaufstüten.
„Na, Genossin! Da haben sie aber
fleißig eingekauft."
„Das kann man wohl sagen,
Genosse Staatsratsvorsitzender!
Drei Stunden musste ich
dafür anstehen!"
„Aber gute Frau! Es gibt Länder,
da müssen die Leute für
einen Schluck Wasser
einen ganzen Tag warten."
„Ja, die sind dann
aber sicher schon länger
sozialistisch als wir ..."

Was ist dort,
wo ein Genosse ist?
==Ein Weg==
Was ist dort,
wo zwei Genossen sind?
==Eine Straße==
Was ist dort,
wo alle Genossen sind?
==Ein Intershop ...==

„Geener had die Absischd, eene Mauer zu errischden!"

Ein Fernsehreporter fragt:
„Wie ist Ihre Meinung
über die Fleischkrise?"
Der Kanadier fragt zurück:
„Krise – was ist das?"
Der Pole: „Fleisch – was ist das?"
Der DDR-Bürger:
„Meinung – was ist das?"

Karl-Eduard von Schnitzler
geht über die Straße.
Kommt ihm ein Mann
entgegen und sagt:
„Guten Tag, Herr von Schnitz!"
Darauf Schnitzler:
„Aber ich heiße doch Schnitzler
und nicht Schnitz!"
Der Mann entgegnet:
„Tut mir leid, länger habe ich
Ihre Sendung noch nie gesehen."

Eine japanische
Gewerkschaftsdelegation
fliegt in die DDR.
Als das Flugzeug in
Berlin-Schönefeld zur
Landung ansetzt,
kommt die Stewardess:
„Bitte anschnallen,
das Rauchen einstellen und
die Uhren um zehn Jahre
zurückstellen."

Walter Ulbricht und
Mao Tse-tung unterhalten sich
über Innenpolitik.
„Und wie viele politische Feinde",
fragt Walter Ulbricht,
„haben Sie in der
Volksrepublik China?"
„Es werden so ungefähr
17 Millionen sein",
antwortet Mao Tse-tung,
„und wieviele sind es
bei Ihnen in der DDR?"
„Ooooch, bei mir sind es
auch nicht viel mehr ..."

Wirbt ein Mitglied der
Kommunistischen Partei ein Mitglied
für die Kommunistische Partei,
bekommt er eine Prämie.
Wirbt es zwei Mitglieder für
die Kommunistische Partei,
wird ihm der Parteibeitrag erlassen.
Wirbt es drei Mitglieder, darf es aus
der Kommunistischen Partei austreten.
Wirbt es dagegen gar vier Mitglieder,
wird ihm bescheinigt, niemals
Mitglied der Kommunistischen
Partei gewesen zu sein.

Was passiert, wenn die Sahara
sozialistisch wird?
Die ersten zehn Jahre passiert
gar nichts, aber dann wird
der Sand allmählich knapp.

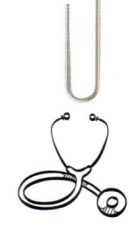

Wer ist der
größte Chirurg der Welt?
Na, Walter Ulbricht!
Der hat das Herz Europas
zum Arsch der Welt gemacht.

Zum 35. Jahrestag
soll die DDR ein
neues Wappen bekommen:
Amor!
Bedeutung:
Kein Hemd auf
dem Hintern,
aber bewaffnet!

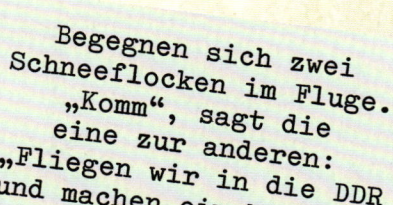

Begegnen sich zwei
Schneeflocken im Fluge.
„Komm", sagt die
eine zur anderen:
„Fliegen wir in die DDR
und machen ein bisschen
PANIK!"

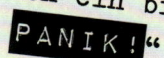

Eine LPG erfüllt ihren
Jahresplan nur mit 70%.
Der Vorsitzende denkt sich:
„Das können wir so nicht an
die Bezirksleitung schicken,
machen wir eben 90% daraus."
Die Bezirksleitung muss die Berichte
an das Zentralkomitee weitergeben,
aber deren Chef denkt sich:
„Nur 90%? Können wir so
nicht melden, machen wir
110% daraus, und wir haben
unser Plansoll übererfüllt."
Schließlich liest Erich die Berichte:
„110% Planerfüllung, wunderbar –
70% in den Export."

Der neue Direktor
im größten Kaufhaus
der DDR soll der
DDR-Astronaut
Siegmund Jähn
werden.
Er kennt sich
am besten
in leeren
Räumen aus.

Ein Arbeiter schiebt
eine Schubkarre
aus dem Baubetrieb.
Der Pförtner
kontrolliert streng,
aber in der Karre sind
keine Steine und kein Zement –
sie ist leer.
Als der Arbeiter das vierte Mal
vorbeikommt, fragt der Pförtner:
„Sag mal Kollege, ganz unter uns,
was klaust du?"
„Schubkarren."

„Ist das richtig?",
fragte der Klempner.
„In dieser Wohnung
soll ein Rohrbruch sein?"
„Bei uns ist alles in Ordnung!",
antwortete die Hausfrau.
„Merkwürdig! Wohnen denn
hier nicht Welkes?"
„Welkes? Die sind doch schon vor
einem halben Jahr umgezogen!"
„War ja klar! Erst bestellen sie die
Handwerker und dann ziehen sie
Hals über Kopf aus!"

Ein Ossi bewirbt sich bei
„Wetten, dass..." mit der Wette,
einen Wessi mit einem Kaffeelöffel
innerhalb von 5 Minuten
erschlagen zu können.
„Und was machen Sie,
wenn Sie es nicht schaffen?",
fragt Thomas Gottschalk.
„Dann nehme ich einen Spaten ..."

Warum gab es in
der DDR nie Erdbeben?
Als Gott mal wieder
am Verteilen war,
schob er die Wolken über
der DDR beiseite, sah die
kaputten Straßen und meinte:
„Oh, hier war ich ja schon!"

Neue DDR-Schuhe:
Absatz vorne –
damit man nicht merkt,
dass es dauernd bergab geht.

Für 1 Mark
(ungefähr 50 Cent)
bekam man früher
eine Tageskarte für
die Ost-Berliner S-Bahn.
Heute bekommt man für
den selben Preis
eine Dose Limonade.

Warum hat die DDR
Karl May rehabilitiert?
Durch Old Shatterhand soll
die Bevölkerung lernen,
die roten Brüder in
der UdSSR zu lieben …

Geht ein Junge in der DDR
in Berlin an der Spree entlang.
Da sieht er einen Mann, der schreit,
wild um sich schlägt und
kurz vor dem Ertrinken ist.
Er springt ins Wasser
und rettet den Mann.
Der Mann ist Erich Honecker.
Er sagt zu dem Jungen:
„Mein Junge, du bist ein Held.
Du hast mir das Leben
gerettet und der DDR
ihren Staatsratsvorsitzenden.
Du hast einen Wunsch frei,
egal welchen."
Sagt der Junge:
„Ich hätte gern
ein Staatsbegräbnis."
Fragt Honecker:
„Warum wünschst du dir
denn in deinem Alter schon
ein Staatsbegräbnis?"
Der Junge:
„Wenn mein Vater rausfindet,
dass ich dich vor dem
Ersaufen gerettet habe,
schlägt er mich tot!"

DDR-UHRZEITEN –
SO UND NICHT ANDERS!

 VIERTEL

 HALB

 DREIVIERTEL

 UM

Sowjet-union

Großer Bruder!

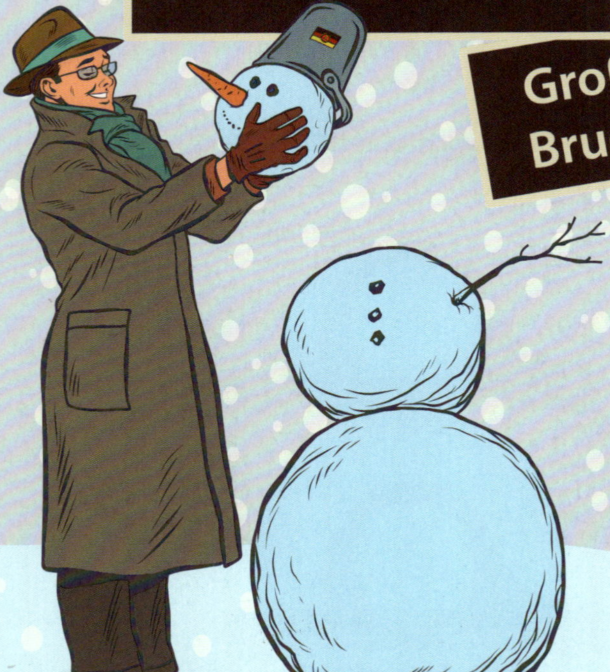

Klein-Fritzchen
aus Ostberlin macht mit
seinen Eltern eine Zugreise
durch die Sowjetunion.
Eines Tages, sie sind
auf dem Weg Richtung Sibirien,
bleibt der Zug einfach
auf freier Strecke stehen.
Es vergeht eine Stunde,
da wird es dem Vater zu bunt,
und er schickt Fritzchen
zum Schaffner,
um herauszubekommen,
warum sie so lange stehen.
Es dauert eine Weile,
bis Fritzchen wiederkommt:
„Das kann noch dauern,
die tauschen gerade die Lok."
„Ach ...", meint der Vater,
„... das dauert nicht mehr lange."
Darauf Fritzchen: „Ich glaube schon,
die tauschen nämlich gegen Wodka!"

In Moskau läuft ein
sensationeller Pornofilm:
„Lenin ohne Mütze."

Fragt ein Belgier:
„Warum haben die
sowjetischen Truppen
beim Volksaufstand am
17. Juni 1953 interveniert
und auf die streikenden
Arbeiter geschossen?"
Antwortet ein DDR-Bürger:
„Weil wir uns in unsere
eigenen Angelegenheiten
eingemischt haben ..."

Auf der Leipziger Messe streiten
ein Russe und ein Amerikaner.
„Wir hatten mit Gagarin den
ersten Menschen im All!"
„Wir hatten mit Armstrong den
ersten Menschen auf dem Mond."
Kommt ein DDR-Bürger vorbei und meint:
„Das ist doch nichts Besonderes,
bei uns leben 17 Millionen
Menschen hinterm Mond."

„Stell dir vor,
die DDR hat aus der
Sowjetunion 10 Millionen
Paar Schuhe erhalten."
„Das ist aber eine
großzügige Spende!"
„Nein, nein, zum Besohlen."

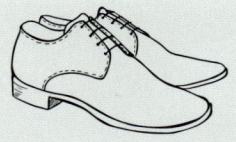

„Die russischen Kosmonauten
haben aber auch ein Pech gehabt!"
„Wieso?"
„Da fliegen sie um die ganze Erde
und landen ausgerechnet wieder
in der Sowjetunion!"

Wer besaß das
größte Auto der Welt?
Die DDR:
Fahrersitz in Ostberlin,
Steuer in Moskau.

Die USA, die Sowjetunion
und die DDR wollen
gemeinsam die Titanic bergen.
Die USA interessieren
sich für den Goldschatz
und den Tresor
mit den Brillanten.
Die Sowjetunion
interessiert sich für das
technische Know-how.
Und die DDR interessiert
sich für die Band,
die bis zum Untergang noch
fröhliche Lieder gespielt hat.

Sind Sowjets eigentlich unsere
Freunde oder unsere Brüder?
Sie müssen unsere Brüder sein.
Freunde kann man sich aussuchen.

An der sowjetischen
Kommandantur in Plauen wird
ein Stalinbild angebracht.
Fragt eine alte Frau
einen Volkspolizisten:
„Wer ist dieser schöne Mann?"
„Das ist doch Stalin,
der hat uns von
den Nazis befreit!"
„Ach, so ein guter Mann ...
Ob er uns auch von
den Russen befreit?"

Was ist Misstrauen?
Wenn ein DDR-Grenzer
an der Grenze zu Polen die
aus der Sowjetunion kommenden
Erdölleitungen anbohrt,
um nachzuschauen,
in welche Richtung
das Öl fließt.

Was ist der **UNTERSCHIED**
zwischen Wessis und Russen?
Die Russen sind wir
wieder los geworden ...

Wir haben beim Fußball-Länderspiel
gegen die UdSSR gewonnen.
Und wir haben uns auch
gleich entschuldigt.

Wer hatte den
weitesten Weg aufs Klo?
Antwort: Erich Honecker.
Der musste wegen jedem Scheiß
nach Moskau rennen.

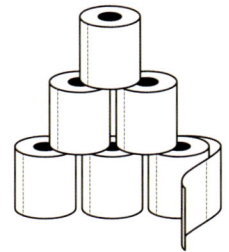

Ein DDR-Ehepaar fährt nach Moskau
und wird bei einem Einkaufsbummel
von einer Verkäuferin gefragt:
„Sie sein von Deitschland?"
„Ja."
„Nun, von was für einem?
Von Deitschland, Deitschland
über alles oder von Deitschland,
Deitschland ohne alles?"

Warum spielen die in der DDR
stationierten Sowjetsoldaten
kein Tele-Lotto?
Sie haben Angst,
eine ~~Sibirienfahrt~~
zu gewinnen.
Sowjetunionreise

Frage 1:
Was ist ein „Feierabendheim"?

a) Kneipe

b) Wohnung

c) Altersheim

d) Hotelzimmer

Frage 2:
Wie nannte man die „Jeans"?

a) Nothose

b) Nahthose

c) Neidhose

d) Niethose

Frage 3:
Wer ist der „Große Bruder"?

a) England

b) Sowjetunion

c) BRD

d) Nordkorea

Frage 4:
Wie nannte man einen „Hot Dog"?

a) Ketwoscht

b) Ketwurst

c) Kethund

d) Ketwon

Frage 5:
Was ist „Plaste"?

a) Pasta

b) Plakat

c) Pastete

d) Plastik

Frage 6:
Wie nannte man einen „Heftstreifen"?

a) Kulli

b) Hefti

c) Streifi

d) Dulli

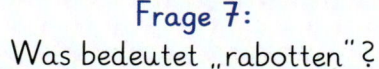

Frage 7:
Was bedeutet „rabotten"?

a) Faulenzen

b) Radieren

c) Hart arbeiten

d) Abonnieren

Frage 8:
Was ist ein „Broiler"?

a) Pasta

b) Bratpaprika

c) Brathähnchen

d) Brathering

Frage 9:
Was bedeutet: „Mir geht es urst!"

a) Mir geht es super!

b) Mir geht's schlecht

c) Mir ist es egal!

d) Ich bin durstig!

Frage 10:
Was ist ein „Lipsi"?

a) Lippenstift

b) Liegestuhl

c) Eis am Stiel

d) Tanz

Frage 11:
Wer wird „Sicherheitsnadel" genannt?

a) Politiker der
Sowjetunion

b) Politiker
der SED

c) Mitarbeiter
der Stasi

d) Mitarbeiter
der Volkspolizei

Frage 12:
Wie nannte man
einen „feindlichen Agenten"?

a) Datsche

b) Dederon

c) Diversant

d) Tanz

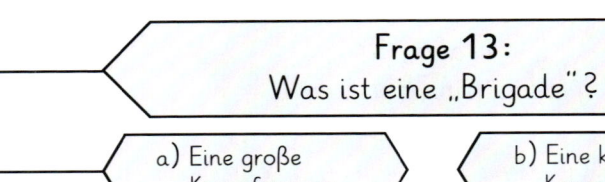

Frage 13:
Was ist eine „Brigade"?

a) Eine große Kampfgruppe

b) Eine kleine Kampfgruppe

c) Eine kleine Arbeitsgruppe

d) Eine Selbsthilfegruppe

Frage 14:
Was hat den Spitznamen „Blaue Fliesen"?

a) Reisepass

b) Westgeld

c) Führerschein

d) Personalausweis

Frage 15:
Was ist ein „Polylux"?

a) Overheadprojektor

b) Aerobicübungen

c) Beamer

d) Kunststofftasche

Frage 16:
Wie nannte man einen „Hamburger"?

a) Goldi

b) Grilletta

c) Klappfix

d) Kolja

Frage 17:
Was bedeutet
„Erichs Lampenladen"?

a) Schlossplatz

b) Berliner Dom

c) Tränenpalast

d) Palast der Republik

Frage 18:
Wie wurde die DDR-Pizza-
Version genannt?

a) Krusta

b) Kolchose

c) Broiler

d) Datsche

Frage 19:
Wie nannte man
einen „Weltraumfahrer"?

a) Astronaut

b) Astrofahrer

c) Kosmonaut

d) Kaskadeur

Frage 20:
Wie wird ein „Broiler"
noch genannt?

a) Goldfisch

b) Gummiadler

c) Gummigemüs

d) Goldapfel

Frage 21:
Was ist mit „Erichs Devisenschoner" gemeint?

a) Kaffee-Mix

b) Erbsensuppe

c) Bananen

d) Kaffeebohnen

Frage 22:
Was ist eine „Roster"?

a) Schwein

b) Röstzwiebel

c) Bratwurst

d) Hahn

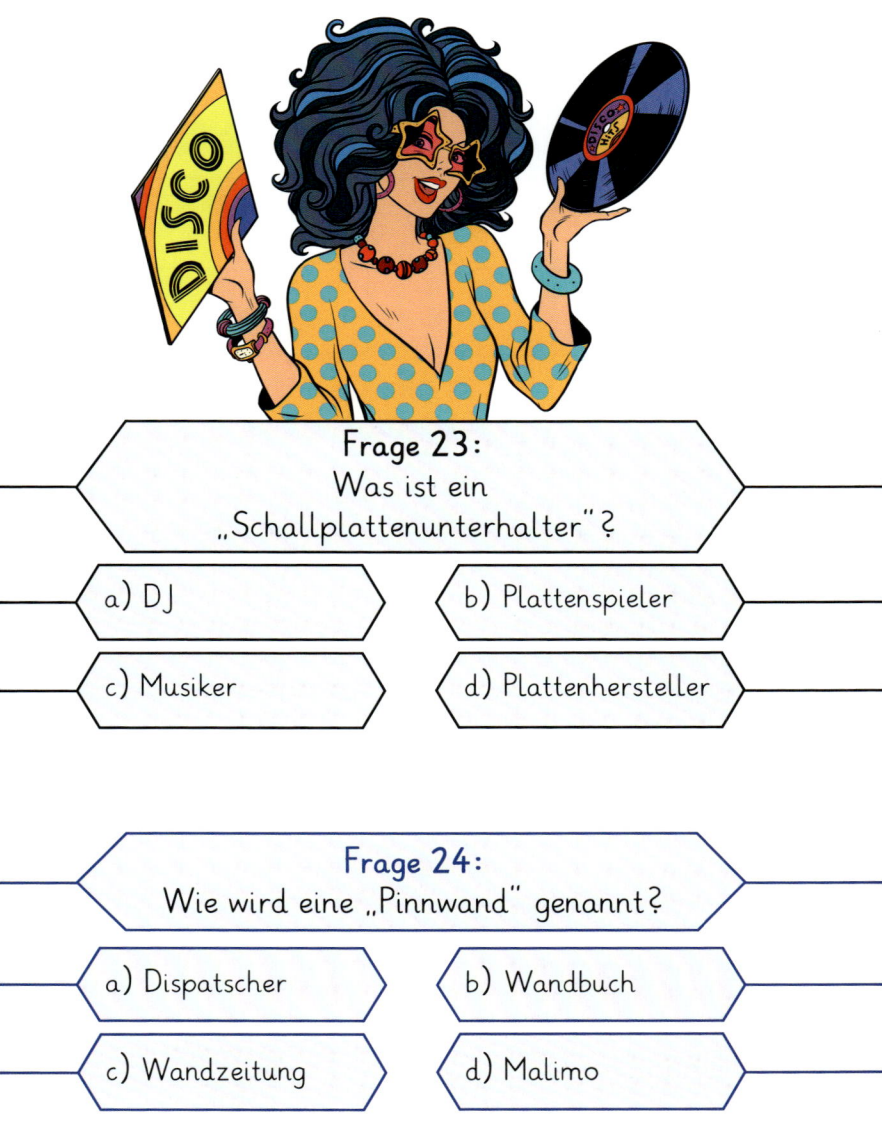

Frage 23:
Was ist ein „Schallplattenunterhalter"?

a) DJ

b) Plattenspieler

c) Musiker

d) Plattenhersteller

Frage 24:
Wie wird eine „Pinnwand" genannt?

a) Dispatscher

b) Wandbuch

c) Wandzeitung

d) Malimo

171

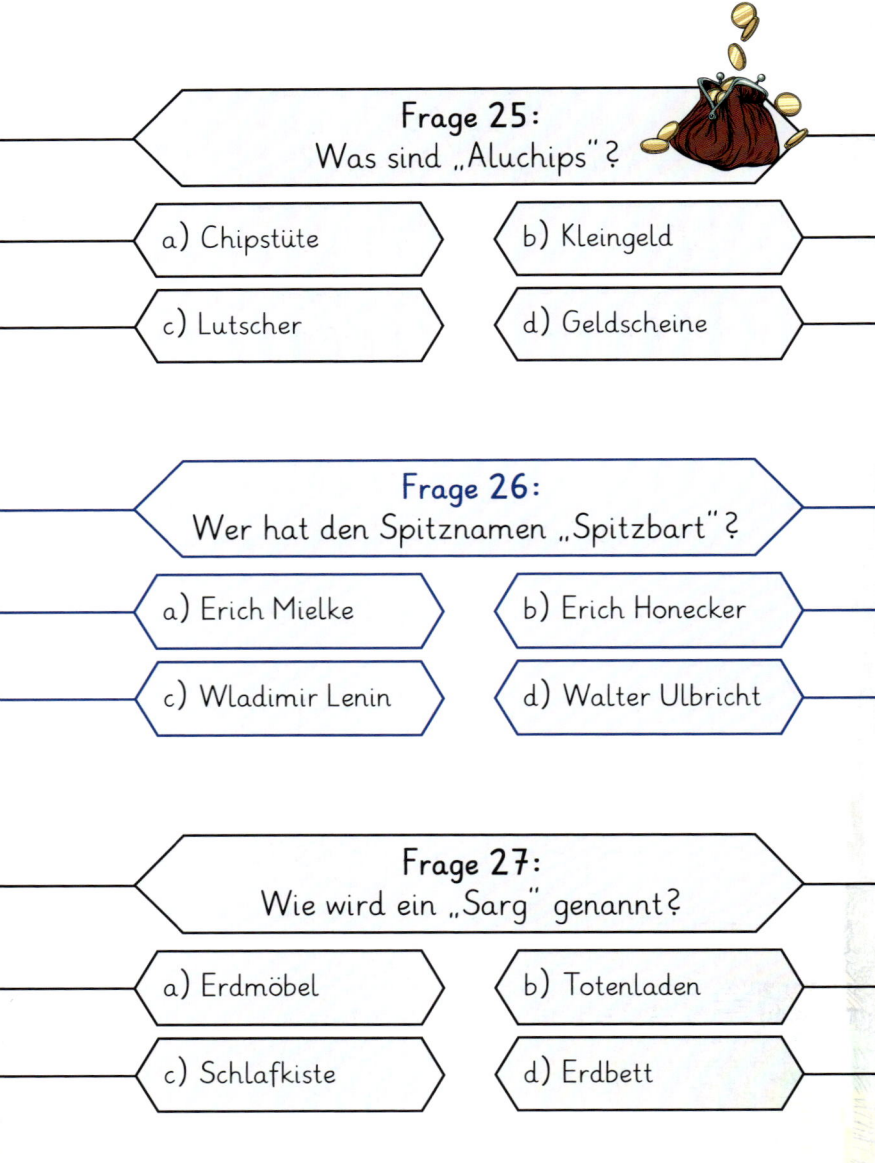

Frage 25:
Was sind „Aluchips"?

a) Chipstüte

b) Kleingeld

c) Lutscher

d) Geldscheine

Frage 26:
Wer hat den Spitznamen „Spitzbart"?

a) Erich Mielke

b) Erich Honecker

c) Wladimir Lenin

d) Walter Ulbricht

Frage 27:
Wie wird ein „Sarg" genannt?

a) Erdmöbel

b) Totenladen

c) Schlafkiste

d) Erdbett

Frage 28:
Was ist eine „Datsche"?

a) Dachboden

b) Hotelzimmer

c) Wochenendhaus

d) Hühnerstall

Frage 29:
Was ist eine „Kombine"?

a) Wasseranlage

b) Komposter

c) Kuhstall

d) Landmaschine

DDR-Quiz
Auflösung

Lösung 1 : c)   Lösung 16 : b)
Lösung 2 : d)   Lösung 17 : d)
Lösung 3 : b)   Lösung 18 : a)
Lösung 4 : b)   Lösung 19 : c)
Lösung 5 : d)   Lösung 20 : b)
Lösung 6 : d)   Lösung 21 : a)
Lösung 7 : c)   Lösung 22 : c)
Lösung 8 : c)   Lösung 23 : a)
Lösung 9 : a)   Lösung 24 : c)
Lösung 10 : d)   Lösung 25 : b)
Lösung 11 : c)   Lösung 26 : d)
Lösung 12 : c)   Lösung 27 : a)
Lösung 13 : c)   Lösung 28 : c)
Lösung 14 : b)   Lösung 29 : d)
Lösung 15 : a)

BITTE KEINE WITZE
über die DDR machen:

Es war die größte,
schönste und

einzige DDR,
die es je gab!

Genehmigte Lizenzausgabe
EDITION XXL GmbH
Industriestraße 19
64407 Fränkisch-Crumbach 2021
www.edition-xxl.de

Idee und Projektleitung: Sonja Sammüller
Layout, Satz und Umschlaggestaltung:
design cat GmbH

ISBN (13) 978-3-89736-947-4